Pe. Thiago Faccini Paro
(organizador)

O Caminho

1ª Etapa
Catequista

"O que nós ouvimos, o que aprendemos, o que nossos pais nos contaram, não ocultaremos a nossos filhos; mas vamos contar à geração seguinte as glórias do Senhor, o seu poder e as obras grandiosas que Ele realizou."(Sl 78,3-4)

EDITORA
VOZES
Petrópolis

Rua Frei Luís, 100
25689-900 Petrópolis, RJ
www.vozes.com.br
Brasil

1ª edição, 2014.

6ª reimpressão, 2025.

Equipe de redação
Edi Longo; Rosimeire Mendes; Sueli Moreira Pierami e Pe. Thiago Faccini Paro

Historinhas
Milton Figueiredo

Colaboração e agradecimentos
Dom Edmilson Amador Caetano, O.Cist.; Elenice de Jesus Soares; Fransilvia Panaque; Luci de Fátima Ocaso; Ir. Helenice Maria Ferreira de Souza, pme; Iolanda Durigan; Lucas Borges; Pe. Nivaldo Luiz Moisés Junior; Pe. Ronaldo José Miguel.

Projeto gráfico e diagramação: Ana Maria Oleniki
Ilustrações: Alexandre Maranhão
Capa: Ana Maria Oleniki

ISBN 978-85-326-4877-8

Este livro foi composto e impresso pela Editora Vozes Ltda.

Sumário

Apresentação

Querido(a) Catequista,

Desde junho de 2008 começamos uma reflexão sobre a renovação da catequese em nossa diocese. Em setembro de 2009 foi apresentado ao clero da nossa diocese e aos coordenadores paroquiais o resultado desta reflexão que implica uma renovação quase radical da nossa catequese diocesana. Este processo não admite mais retrocessos. Este material que está chegando às suas mãos é fruto de intenso trabalho da nossa Equipe Diocesana. Exigirá da sua parte todo um esforço de adaptação e de renovação. Trata-se, por enquanto, somente da 1ª etapa da catequese em preparação para a Primeira Eucaristia. Todo o trabalho ainda não está pronto. Estamos em caminhada.

Não estou lhes apresentando uma sugestão para a catequese em nossas paróquias, mas um projeto destinado a todas as paróquias da nossa Diocese e que deve ser implantado em todas as paróquias a partir do Advento de 2010.

A aplicação, ou melhor, a vivência desta nova maneira de catequizar, exige também uma nova maneira de ser catequista. Além das exigências pedagógicas e didáticas, que sempre fazem parte da missão do catequista, coloca-se agora em maior relevo a missão do catequista como anunciador da Palavra.

De fato, catequizar é fazer ecoar a Palavra de Deus no coração e na vida das pessoas. Você, catequista, tem uma vocação e uma missão muito especial na vida da Igreja: educar na fé as crianças, passar a fé às crianças de um modo sólido, inquebrantável. Não se trata somente de passar conceitos doutrinais e explicitar bem o conteúdo da fé cristã e católica. Todas estas coisas devem estar sustentadas de maneira inequívoca pela força transformadora da Palavra de Deus. A fé não vem de conceitos decorados, mas vem da pregação, como já ensinava o Apóstolo Paulo.

Você, catequista, é em primeiro lugar, pregador da Palavra de Deus. Você não é um professor de Ensino Religioso. Que você nunca se deixe chamar de professor. Os seus catequizandos não são seus alunos, mas seus discípulos. Discípulos de Cristo, sim, mas através do seu ministério. Que você não os chame de alunos. A sala da catequese não é uma sala de aula, mas um espaço celebrativo, onde a Palavra é ouvida, partilhada e rezada: um lugar onde Deus está falando.

Que este material lhe ajude na missão de falar de Deus às pessoas que lhe são confiadas. Melhor ainda: que lhe ajude na missão de ser o instrumento pelo qual Deus fala às pessoas.

✝Edmilson Amador Caetano, O. Cist.
Bispo Diocesano de Barretos

Barretos, 4 de agosto de 2010.
Festa de São João Maria Vianney, páraco e catequista

O subsídio para a Pastoral Catequética da Diocese de Barretos, bem como toda a metodologia presente neste material, foi baseada na Palavra de Deus, na longínqua tradição da Igreja que nos foi transmitida, na análise de outros materiais que nos serviram de inspiração e na experiência de nossos catequistas.

Ao preparar os subsídios para o catequista e o *Diário Catequético e Espiritual do Catequizando* nossa equipe considerou que a Igreja sempre teve um calendário próprio e diferente do calendário civil, chamado de "Calendário Litúrgico". Portanto, a catequese que propomos seguirá o calendário litúrgico iniciado na primeira semana da Advento e encerrado com a Solenidade de Nosso Senhor Jesus Cristo Rei do Universo. Os encontros estão intimamente ligados com o Ano Litúrgico, sendo assim é indispensável haver uma grande atenção com o Calendário Litúrgico em percurso. Deste modo, pode acontecer que alguns encontros devam ser antecipados e outros realizados posteriormente para estar em sintonia com o tempo que está sendo celebrado. Assim aproxima-se a catequese e a liturgia.

A catequese que pensamos está estruturada em etapas, sendo quatro para a Primeira Eucaristia e três para a Crisma, permeada por várias celebrações. Cada Etapa terá a duração mínima de um ano. O tempo de cada Etapa poderá ser alterado de acordo com a maturidade de cada catequizando.

1ª Etapa

A temática principal a ser trabalhada é o "querigma", fazendo com que os catequizandos conheçam e façam uma experiência mística de Jesus Cristo. Além de serem inseridos na dinâmica do calendário da Igreja – Ano Litúrgico – que se inicia no primeiro domingo do Advento e conclui-se com a Solenidade de Nosso Senhor Jesus Cristo Rei do Universo. Além de terem contato e aprenderem a manusear a Bíblia Sagrada, recebendo-a em uma celebração na conclusão da primeira Etapa.

2ª Etapa

Em cada encontro será refletido um trecho da "Profissão de fé", onde os catequizandos terão uma noção geral da doutrina da Igreja e como vivê-la. No início da segunda Etapa os catequizandos receberão impresso o Credo e, no final desta Etapa, numa celebração, professarão solenemente a fé.

3ª Etapa

Na terceira Etapa o catequizando irá refletir sobre a vida de oração, tendo como modelo a oração que o Senhor nos ensinou: O Pai-nosso. Em cada encontro será trabalhado uma petição da oração. No início da terceira Etapa os catequizandos receberão a oração do Pai-nosso impressa, e ao final da Etapa, numa celebração, a rezarão solenemente.

4ª Etapa

A quarta Etapa será um aprofundamento sobre os sete sacramentos e sacramentais. Nessa Etapa os catequizandos não batizados receberão o primeiro sacramento e ao final da Etapa todos os catequizandos se aproximarão pela primeira vez do corpo e sangue de Cristo, participando da Eucaristia.

Em relação à faixa etária dos catequizandos o material foi pensado e preparado de acordo com a pedagogia das idades, idealizado para todas as crianças que completarem 7 anos no ano de início da catequese.

Ainda, nossa proposta quer possibilitar uma maior interação entre comunidade e família dos catequizandos, realizando-se um destaque, também, aos padrinhos de Batismo para resgatar o seu significado e importância de corresponsáveis por introduzir as crianças na fé cristã.

Para cada Etapa preparamos para o catequizando um volume chamado *Diário Catequético e Espiritual do Catequizando*. Como o próprio nome revela, trata-se de um recurso no qual o catequizando fará o registro de algumas atividades de sua vivência de fé relacionada a cada encontro, como também tem-se espaços próprios para o registro das informações sobre cada domingo do Tempo Litúrgico em que ao catequizando é indicado o que registrar em relação a sua participação na celebração da Santa Missa.

OS ENCONTROS E SUA ORGANIZAÇÃO

A nossa proposta para os encontros é para que as reflexões estejam estruturadas ao redor de duas mesas, a saber: a *Mesa da Palavra* e a *Mesa da Partilha,* buscando uma estreita ligação entre catequese e liturgia, com encontros dinâmicos e celebrativos.

A Mesa da Palavra

Consiste em organizar um ambão ou uma pequena mesa para colocar a Bíblia, ter uma vela acesa, usar toalha com a cor do Tempo Litúrgico que se está celebrando em um lugar de destaque e específico da sala de encontros que possibilite aos catequizandos aproximar-se ao seu redor.

Com a inserção da Mesa da Palavra quer se dar destaque e valorizar a leitura da Bíblia, mostrando que não é apenas um livro a mais para ser estudado, como também orientar e fazer a experiência de acolhida da Palavra de um Deus que nos fala. O fato de mobilizar os catequizandos a ir até essa mesa, colocar-se de pé ao seu redor, trocar a toalha de acordo com o Tempo Litúrgico, solenizando a leitura bíblica, incentivando a sua escuta, possibilita revelar através dos gestos e posturas o valor e a importância que lhe damos em nossa comunidade Igreja. Além de remeter os catequizandos ao ambiente celebrativo da Eucaristia.

A Mesa da Partilha

Trata-se de uma grande mesa com várias cadeiras ao seu redor. É o local onde os catequizandos irão buscar compreender, com a ajuda do catequista, o sentido e significado da Palavra em seu contexto e para suas vidas. Ao redor da mesa, integrados, chegarão ao seu entendimento ao reconstruir o texto bíblico, dialogar, ouvir histórias, contemplar os símbolos presentes em cada encontro e nos textos bíblicos e, também, realizar diversas atividades. Nesta mesa, recordando o costume antigo das famílias de tomar a refeição, onde catequista e catequizandos saborearão o alimento da Palavra que dá vida e sacia toda sede.

Os novos espaços destinados à catequese que propomos buscam, portanto, descaracterizar os lugares de encontro das salas de ensino escolar, mostrando que nossos catequistas não são professores, mas mistagogos que guiam os catequizandos para o Mistério, fazendo que tenham uma experiência viva e pessoal de Jesus Cristo.

A cada encontro são oferecidas sugestões que deverão ser enriquecidas e adaptadas à realidade de cada comunidade. Num clima alegre e acolhedor a Palavra se atualiza e se transforma em oração e gestos concretos.

EXPLICANDO NOSSA PROPOSTA

1. ESTRUTURA DOS ENCONTROS – SUBSÍDIO DO CATEQUISTA

Na sequência apresentamos as orientações sobre a dinâmica de nossa proposta, para o catequista desenvolver os encontros, que consideramos necessárias para ajudar na sua ação catequética. Para tanto o Subsídio do Catequista propõe as orientações para cada encontro da seguinte forma:

Palavra inicial: Neste tópico o catequista encontrará os objetivos a serem atingidos com o encontro, ou a mensagem que deverá ser transmitida para cada catequizando.

Preparando o ambiente: Oferece sugestões de símbolos e maneiras de preparar e organizar os espaços; de materiais a serem providenciados para os encontros. Na preparação do ambiente é importante envolver os catequizandos distribuindo funções com antecedência, como por exemplo: um traz as flores, o outro acende a vela, um grupo prepara e ensaia os cantos. Poderá também ter uma imagem (de Jesus, Nossa Senhora ou do padroeiro da comunidade). Esta imagem poderá ser levada cada semana, para a casa de um catequizando, que ficará responsável por trazer no próximo encontro. No dia em que a imagem estiver na casa, incentive-os a rezar em família.

Acolhida: Em todos os encontros é sugerida uma frase para acolhida dos catequizandos, com a intenção de prepará-los para a temática que será refletida no encontro.

Recordação da vida: Tem a intenção de recordar brevemente fatos e acontecimentos marcantes da comunidade e da sociedade. E ainda de recordar o tema e gesto concreto do encontro anterior. O catequista pode incentivar a leitura do que alguns catequizandos escreveram no *Diário Catequético e Espiritual* no decorrer da semana. Este momento poderá acontecer ao redor da Mesa da Palavra, como parte da oração inicial, ou a critério do catequista, na Mesa da Partilha, antes da oração.

Na Mesa da Palavra: O momento em torno da Mesa da Palavra envolve:

- **Oração inicial:** Traz sugestões de orações e propõe-se que o catequista, juntamente com os catequizandos, selecione cantos para a oração inicial. Este momento deverá ser dinamizado e ritualizado, pelos catequistas criativamente para envolver os catequizandos com a reflexão do tema, tornando este momento importante e especial, de tal modo que desperte nos catequizandos o desejo de participar ativamente dele.
- **Leitura do texto bíblico:** Buscando resgatar a importância e dignidade da Palavra de Deus na vida do cristão, toda a temática dos encontros tem como tema gerador o texto bíblico proclamado. O texto bíblico é que norteia todo o encontro, fazendo com que os catequizandos sejam introduzidos na linguagem bíblica e atualizem a cada dia sua mensagem.

Nesta primeira etapa, os catequizandos não tenham contato direto com a Bíblia, oferecendo-lhes primeiro serem ouvintes da Palavra. Portanto, propomos que o catequista seja quem proclamará os textos bíblicos de maneira clara e ritual: fazendo uma saudação respeitosa antes e depois da leitura, beijando a Palavra quando for um Evangelho, ou até mesmo passando para os catequizandos a beijarem. Isto para mostrar a importância e dignidade de tal livro. Os textos deverão ser lidos ao menos duas vezes. A primeira leitura na íntegra e a segunda de maneira pausada, com destaque para os versículos da temática do encontro.

Seria importante que antes de cada encontro o catequista fizesse uma *lectio divina* (Leitura Orante da Bíblia procedendo: leitura, oração, meditação e contemplação).

Durante os encontros de catequese, na medida do possível, utilizar do esquema da Leitura Orante da Bíblia com os catequizandos.

Na Mesa da Partilha: É na Mesa da Partilha que o encontro se desenvolverá. Historinhas, dinâmicas e símbolos auxiliarão o catequista a transmitir a mensagem da Boa-Nova de Jesus Cristo. O catequista poderá adaptar, acrescentar ou até mesmo mudar as sugestões de acordo com a realidade de cada grupo. Por isso é indispensável que o catequista prepare com antecedência cada encontro.

As historinhas são apresentadas em cada encontro, tendo como personagens principais três crianças: Amanda, Fernando e Pedrinho, que viajam no tempo de Jesus e atualizam a mensagem bíblica proposta no encontro. As histórias poderão ser contadas com fantoches, dedoches, cartazes ou de outra maneira criativa. Para contribuir propõe-se, em anexo, o molde para confeccionar os dedoches dos três principais personagens e de Jesus. Outros dedoches poderão ser confeccionados de acordo com cada história pelo catequista ou mesmo pelos catequizandos que poderão criá-los.

Conclusão: Momento de comunicar aos catequizandos o compromisso da semana, o gesto concreto como maneira de atualizar na vivência de cada um a Palavra lida, meditada e contemplada. Também poderá recordar os aniversariantes de Batismo da semana e distribuir as funções para o próximo encontro.

Oração final: Realizar, de preferência, sempre ao redor da Mesa da Palavra ou de onde foi feita a oração inicial. O catequista incentiva os catequizandos a fazerem orações e preces espontâneas e pode concluir com a oração indicada para cada encontro, bem como pode realizar uma bênção.

Material de apoio: No material de apoio o catequista encontrará, em alguns encontros, textos, citações e sugestões de bibliografias para aprofundar a temática. Porém, é de suma importância que o catequista participe de encontros, cursos, reuniões e retiros para se atualizar e melhor se preparar para esse tão importante ministério. Além do mais, será somente a partir disso que se poderá haver uma plena caminhada em sintonia com a diocese, paróquia e comunidade.

Sugerimos, a partir de nossa experiência, que os catequistas da mesma etapa preparem juntos os seus encontros, seja em reuniões mensais, quinzenais ou semanais.

Lembretes: Ao final de alguns encontros o catequista encontrará alguns "lembretes", que o auxiliarão no desenvolvimento da catequese, de modo especial a fazer com que os encontros sejam vividos de acordo com a dinâmica do Ano Litúrgico.

Celebrações: Em todas as etapas, sugerimos ao menos duas celebrações, com o intuito de reunir catequizandos, pais, padrinhos de Batismo e comunidade. As celebrações são contadas como encontros da catequese, e para garantir uma maior participação de todos, principalmente dos pais, sugere-se marcar dia e horário do encontro da celebração favorável a todos, optando para o dia da semana em que a comunidade costuma se reunir para o seu momento de oração e partilha.

As celebrações deverão ser preparadas com antecedência, de preferência com a ajuda das pessoas da comunidade que já costumam se reunir semanalmente. Escolher quem presidirá, leitores, grupo de cantos, entre outros. É preciso comunicar previamente os catequizandos e respectivas famílias do dia e horário da celebração. Os catequizandos de outras etapas poderão ser convidados a participar, bem como toda a paróquia, pastorais e movimentos.

2. NA CATEQUESE, A ORGANIZAÇÃO DAS ATIVIDADES

Cronograma: Na sequência propomos um modelo de cronograma para que o catequista possa registrar as principais informações que ocorrerão no decorrer do ano de catequese. O propomos por considerar que o planejamento é algo indispensável para o bom êxito de qualquer atividades; portanto, apresentamos um roteiro para organizar o cronograma das atividades a serem realizadas no decorrer da catequese para auxiliar nossos catequistas. É importante ressaltar que o mesmo poderá ser adaptado à realidade de cada comunidade. Um cronograma semelhante poderá ser preparado e entregue uma cópia aos catequizandos, para colar no Diário Espiritual do Catequizando, e outra às famílias dos catequizandos para que possam se organizar para participar das atividades da catequese

Cronograma da atividade da catequese

Ano

Inscrições da catequese: a das às h | Local:
Período de visita às famílias dos catequizandos: a
Celebração de apresentação e envio dos catequistas: às h | Local:
Início da catequese: às h | Local:
Celebração da água: às h | Local:
Período de recesso: a
Quarta-feira de cinzas: às h | Local:
Celebração Penitencial: às h | Local:
Domingo de Ramos: às h | Local:
Missa dos Santos óleos: às h | Local:
Missa da Ceia do Senhor: às h | Local:
Vigília Eucarística - Hora Santa: às h | Local:
Celebração da Paixão: às h | Local:
Sábado - Missa da vigília: / / às h | Local:
Domingo de Pentecostes: / / às h | Local:
Corpus Christi (enfeitar rua): às h | Local:
Missa de *Corpus Christi*: às h | Local:
Período de recesso: a
Gincana catequética: às h | Local:
Preparar Celebração de Entrega do Livro com os pais: às h | Local:
Celebração de inscrição do nome e entrega do Livro: às h | Local:
Reunião com os pais dos catequizandos: às h | Local:
Reunião com os pais dos catequizandos: às h | Local:
Reunião com os pais dos catequizandos: às h | Local:
Reunião com os pais dos catequizandos: às h | Local:
Reunião com os pais dos catequizandos: às h | Local:
Reunião com os pais dos catequizandos: às h | Local:

Outras datas:

Livro de registro dos catequizandos: Na celebração de conclusão da primeira etapa, que chamamos de *"Celebração de Inscrição do Nome e entrega do Livro"* sugerimos que a comunidade tenha um livro que chamamos de "Livro de Registro dos Catequizandos", no qual poderá registrar o nome de todos os catequizandos, que concluíram a primeira etapa, dando o sentido de escolha, de eleição, além de ajudar a organização da catequese.

A escolha do livro fica a critério de cada comunidade, podendo ser aqueles de capa preta que comumente se utiliza para redigir atas. Uma capa poderá ser confeccionada para valorizar o livro.

Além dos nomes, outros dados poderão posteriormente ser registrados como no modelo abaixo:

Nº	Catequizando	Data de Batismo	Data da Celebração de Inscrição do Nome	Data da 1ª Eucaristia
001	Exemplo...	15/07/1998	00/11/2011	20/11/2015
002	Exemplo...	Não batizado	00/11/2011	
003				
004				

Assim, além do sentido espiritual de ter o nome inscrito, como eleito, escolhido, a catequese paroquial terá um controle de quantos catequizandos iniciaram no processo catequético e quantos chegaram ao término deste primeiro processo recebendo o Sacramento da Eucaristia.

Um livro poderá ser suficiente para toda a paróquia, ou, se acharem necessário, cada comunidade poderá ter seu próprio livro.

Sugestão para o termo de abertura do livro:

Este livro, que contém .... folhas, todas numeradas, a glória de Deus, destina-se ao solene registro dos nomes de todos os catequizandos assistidos pela Paróquia ...., com sede na cidade de ...., Diocese de ...., ...(Estado)....., que incorporados a Cristo buscam conhecer, aprofundar e vivenciar o Cristo.

E para constar eu .... (pároco) .... assino e dou por aberto o presente livro de registro dos catequizandos.

Aos .... de .... de 20.......

DIÁRIO CATEQUÉTICO E ESPIRITUAL DO CATEQUIZANDO

O material do catequizando nesta primeira etapa será constituído apenas de um livro que intitulamos *Diário Catequético e Espiritual do Catequizando*, que, como o próprio nome sugere, será um diário onde o catequizando deverá ser incentivado a relatar sua vivência de fé.

O *Diário* está dividido em duas partes:

I Parte – Meus encontros de catequese

Esta parte está organizada da seguinte forma:

Meu momento de oração diária

Contém orientações para o catequizando realizar um momento diário de oração pessoal, que deve ser incentivado pelo catequista constantemente durante os encontros.

Os encontros

Em cada encontro é proposto um pequeno texto fazendo menção ao tema a ser refletido, uma citação do texto bíblico acompanhado de uma ilustração. Ainda, propõe algumas perguntas e atividades para ajudar os catequizandos a fazer memória da experiência vivida no encontro, como também ajudá-los a meditar sobre a temática do encontro ou celebração. Propõe-se no Diário que os catequizandos escrevam seus pedidos e intenções de oração da semana.

No final de cada encontro tem-se uma página chamada Espaço Complementar, com a finalidade de ser usada para registrar algumas atividades realizadas durante o encontro, como, por exemplo: colagens, transcrições de textos, bem como outras possibilidades que o catequista precisar e criar para ajudar os catequizandos a melhor compreender cada tema. Por se tratar de um Diário, sua finalidade é ser um instrumento em que o catequizando possa contemplar suas experiências catequéticas e perceber o seu crescimento na fé.

II Parte – Meu domingo

Composta por um texto explicativo sobre o domingo e Ano Litúrgico, a segunda parte busca incentivar a participação dos catequizandos e seus familiares na Santa Missa. Para isso apresenta um roteiro para cada domingo, onde o catequizando deverá anotar as citações da Liturgia da Palavra, a cor litúrgica usada e uma breve mensagem sobre o que aprendeu ao participar da celebração.

No *Diário*, ainda, o catequizando encontrará algumas orações básicas da vida do cristão. Sugere-se ao catequista orientá-los para que as rezem sozinhos ou com a família.

COMO APROVEITAR O *DIÁRIO*?

No primeiro dia de catequese, no final do encontro, o catequista deverá orientar os catequizandos de como utilizarem o *Diário*. E no decorrer dos encontros alertá-los para durante a semana realizarem os registros de sua catequese.

As atividades do *Diário* em nossa experiência têm por intencionalidade serem realizadas em casa e sempre que possível junto com a família, não sendo necessário levá-lo em todos os encontros. Cabe ao catequista solicitar antecipadamente ao catequizando para trazê-lo ao encontro. O seu uso no encontro pode ser determinado pelo catequista para realizar:

- uma roda de conversa para partilha dos registros e experiências vividas, ao término de um tempo litúrgico;
- produzir um debate sobre as mensagens litúrgicas;
- trabalhar com os catequizandos algumas questões específicas de cada tema, com o propósito de acompanhar o entendimento do conteúdo que os catequizandos estiverem registrando;
- uma análise que servirá de base para corrigir equívocos de entendimento;
- um encontro orante com as orações escritas pelos catequizandos... e muitas outras possibilidades.

O *Diário* poderá substituir as "carteirinhas" ou "boletins" que existem em algumas comunidades onde o catequizando tem que levar na missa para assinar ou receber o carimbo para comprovar a presença nas celebrações.

É importante que na primeira reunião com os pais, antes do início da catequese, o catequista os oriente para acompanhar os filhos e ajudá-los com o *Diário Catequético e Espiritual do Catequizando*, incentivando os filhos na oração diária e na participação da Celebração Eucarística, como também nos registros sobre cada encontro.

SUBSÍDIO PARA A FAMÍLIA

Visando contribuir oferecemos um subsídio para a família com um pequeno roteiro, para incentivar a criar uma rotina de oração, escolhendo um dia e horário da semana para se reunir e juntos rezarem.

Neste subsídio apresentamos o roteiro para quatro encontros a serem realizados no decorrer das quatro semanas do Tempo do Advento. É apenas um "empurrãozinho" para que as famílias possam se organizar. Após este primeiro momento, o catequista, em sintonia com as atividades da diocese, da paróquia e de cada comunidade, poderá a cada mês indicar os subsídios já utilizados pelos mesmos nas reuniões de comunidade e de setor, como por exemplo: Leitura Orante da Bíblia, Campanha da Fraternidade, Novena de Pentecostes, mês vocacional, mês missionário, Novena de Natal, entre outros, incentivando as famílias a se reunirem e rezarem.

Na primeira reunião com os pais e responsáveis pelos catequizandos, o catequista deverá orientá-los de como usufruir deste subsídio.

O nosso CAMINHO é Jesus Cristo, única razão dessa grande jornada. Bom trabalho a todos!

Pe. Thiago e Equipe

Celebração de apresentação e envio dos catequistas

Palavra inicial: O objetivo da celebração é apresentar a toda a comunidade os catequistas que exercerão o ministério da catequese, destacando a grande importância desse serviço para a vida da Igreja. Aconselhamos que essa celebração aconteça no 1° Domingo do Advento seguindo a liturgia do dia. Por motivos pastorais pode ocorrer num outro dia da semana.

Preparando o ambiente: Cartaz ou *banner* com o calendário litúrgico que poderá entrar na procissão inicial e ser colocado em lugar de destaque. Bíblia para ser entregue uma para cada catequista, em sinal da missão por eles assumidas como anunciadores do Reino. Reservar bancos para os catequistas. Acrescente-se na monição inicial a apresentação e envio dos catequistas.

Procissão inicial: Os catequistas participam da procissão inicial.

Saudação inicial: O presidente acolhe os catequistas.

(tudo segue como de costume, até a homilia)

Rito de apresentação e envio dos catequistas

Após a proclamação do Evangelho e a homilia, o diácono ou na falta dele o coordenador da catequese, chama cada um dos catequistas pelo nome.

Diácono: *Queiram aproximar-se os que exercerão o ministério da catequese: ...N..., ...N...,.*

Cada um responde individualmente: *Presente!*

(ou todos juntos se forem muitos)

Os catequistas proferem seu compromisso catequético e recebem o Livro Sagrado, a Bíblia, sinal do seu ministério:

Todos os catequistas de pé e a uma só voz fazem seu compromisso:

"Nós, catequistas, viemos, perante esta assembleia congregada pelo Senhor, manifestar o desejo de participarmos do ministério da catequese. O Senhor que nos chamou a formar parte do seu povo, pelo Batismo, convida-nos a sermos testemunhas, mestres e educadores da fé.

Ao assumirmos este serviço, estamos conscientes de participarmos na grande missão que Jesus Cristo confiou à sua Igreja: "Ide por todo o mundo e anunciai a todos a mensagem da salvação".

Presidente: Caros catequistas, quereis viver o vosso ministério de catequistas na fidelidade a Deus e na atenção aos irmãos?

Catequistas: Sim, queremos.

Presidente: Estais dispostos a desempenhar a vossa missão, sendo testemunhas da Boa-Nova de Jesus?

Catequistas: Sim, estamos.

Presidente: Quereis viver o vosso serviço de catequistas, em espírito de serviço à comunidade?

Catequistas: Sim, queremos.

(impõe as mãos)

Presidente: *"Dignai-vos, Senhor, confirmar em seu propósito, com a vossa bênção* ✝ *paterna, estes vossos filhos e filhas que anseiam por* *entregar-se ao trabalho da catequese, para que se esforcem por instruir os seus irmãos em tudo que aprenderem com a meditação da vossa Palavra de acordo com a doutrina da Igreja[1]".*

R. Amém.

Logo após se aproximam, um de cada vez, ou, se forem muitos, fazem uma fila um do lado do outro, e o presidente entrega a Palavra de Deus a cada um, dizendo:

Presidente: *...N..., recebe o Livro Sagrado, instrumento e sinal de seu ministério. Exerça-o com solicitude, transmitindo com fidelidade a sua Palavra, para que ela frutifique cada vez mais no coração das pessoas.*

Catequista: *Amém.*

(se forem muitos, o padre diz a fórmula somente uma vez, e depois prossegue com a entrega da Bíblia, enquanto se entoa um canto. Todos retornam aos seus lugares e a missa prossegue como de costume)

Preces: No momento da Oração da assembleia, pode-se acrescentar algumas das orações pelos catequistas e catequizandos.

Se for oportuno, após a oração Pós-Comunhão, apresentam-se os catequizandos que ingressarão na catequese. No final o padre dá a bênção de envio aos catequistas.

Oremos: Deus de infinita sabedoria, que chamastes o Apóstolo Paulo para anunciar às nações o vosso Filho, nós vos imploramos em favor de vossos servos e servas, catequistas de nossas comunidades, que vivem com dedicação e fidelidade sua vocação: concedei-lhes imitar o apóstolo dos gentios, abrindo-se a vossa graça, e considerando todas as coisas como perda comparada ao bem supremo do conhecimento de Cristo, vosso Filho, a fim de que permaneçam fiéis ao anúncio da Palavra e no testemunho da caridade. Amém. ABENÇOE-VOS DEUS TODO-PODEROSO, PAI...

---

[1] Oração extraída do livro Presbiteral (Petrópolis: Vozes, 2007), "Bênçãos Referentes à Catequese e à Oração Comum", p. 671.

I Parte

Meus encontros de catequese

1º Encontro

Um novo Amigo

(Encontro a ser realizado na 1ª SEMANA DO ADVENTO)

Palavra inicial: Prezados catequistas, o objetivo desse encontro é fazer com que os catequizandos se conheçam e que lhes seja apresentada à pessoa de Jesus Cristo, o maior e melhor amigo que fará parte desta nova família que se formará. Tem ainda a intenção de apresentar os três personagens Pedrinho, a Amanda e o Fernando (dedoches), que lhes auxiliarão nos próximos encontros de catequese.

Preparando o ambiente: Ambão (Mesa da Palavra) com toalha roxa, vela, flores e Bíblia. Na Mesa da Partilha ou no centro do círculo com cadeiras, a imagem de Jesus ressuscitado. Preparar cartões de papel e caneta para escrever os nomes dos catequizandos na dinâmica de acolhida. Estudar o texto de apoio. Preparar os dedoches dos três personagens (ver anexo nº 2) e cartões com a oração ao Espírito Santo.

Acolhida: O catequista acolhe os catequizandos com uma saudação de paz, e diz seu nome (se a catequista não souber o nome do catequizando, pergunte-o antes) – *"A paz de Cristo ...N..., seja bem -vindo!"* –, e o conduz para dentro da sala de encontro, pedindo para que se assente nas cadeiras ao redor da mesa.

Quando todos já estiverem na sala, o catequista mais uma vez os saúda, dando-lhes boas-vindas. Logo após, com uma breve monição, lhes dirá o motivo de estarem ali, com essas ou outras palavras semelhantes: *Queridos catequizandos, sejam bem-vindos a esse encontro! A partir de agora nos conheceremos e formaremos uma grande família alicerçada na amizade e no amor a Jesus. Vamos aprender e partilhar em todos os nossos encontros muitas coisas que Ele nos ensinou.*

Após a saudação, o catequista convida os catequizandos a se apresentarem dizendo seu nome e sua idade. Enquanto cada catequizando diz seu nome o catequista escreve-o em um cartão de papel que colocará no centro da mesa ao redor da imagem do Cristo ressuscitado. Após todos se apresentarem, inclusive o catequista, este pedirá para que cada catequizando pegue um cartão do centro da mesa com um nome que não seja o seu, pedindo para ir ao encontro da pessoa, dando-lhe um abraço de boas-vindas. Por fim, pede para que cada catequizando guarde consigo o cartão com o nome do colega, esclarecendo que ao final do encontro lhes dará uma missão relacionada a ele.

Após este momento o catequista apresentará também os dedoches para os catequizandos, como sendo os personagens que, a partir de então, farão parte da turma, auxiliando-o a contar as historinhas para ajudar a todos melhor compreenderem os ensinamentos de Jesus. Na sequência convidar para que todos se coloquem de pé ao redor da Mesa da Palavra para a oração inicial.

NA MESA DA PALAVRA

Oração inicial: O catequista inicia explicando como se faz corretamente o sinal da cruz, fazendo-o pausadamente. Depois convida os catequizandos a fazer juntos repetindo o sinal da cruz e prestando atenção nos catequizandos. Se houver alguém que não o tenha feito corretamente, ele o repetirá, ensinando novamente e ajudando os que apresentarem dificuldades.

Após este momento convida-os a iniciar o encontro fazendo o sinal da cruz e invocando o Espírito Santo, com a oração *"Vinde, Espírito Santo, enchei os..."*

Sugere-se, ao catequista, por conta da faixa etária, convidar os catequizandos a repetir as frases da oração, realizando-a lentamente e a mostrando no cartaz para que interiorizem cada palavra dita. Em seguida convida para que todos estejam atentos ao texto bíblico que será proclamado.

Antes da leitura, orientar e motivá-los a aclamar o Evangelho com um canto.

Leitura do texto bíblico: Mc 10,13-16.

O catequista lê o texto indicado e em seguida lê novamente, desta vez pausadamente, com destaque em alguns pontos importantes:

> *"[...] traziam a Jesus crianças para que as acariciasse [...] Deixai vir a mim as crianças [...] Jesus abraçava as crianças e as abençoava, impondo as mãos sobre elas."*

Após a leitura todos voltam para a Mesa da Partilha.

NA MESA DA PARTILHA

Com os dedoches, o catequista conta a historinha "O amigo Jesus".

O amigo Jesus

Certa vez, a catequista Débora combinou com seus catequizandos de realizarem um teatrinho na missa da véspera de Natal. Depois do último ensaio geral, antes de começar a missa, Fernando disse que queria beber água, e os amiguinhos Pedrinho e Amanda se colocaram à disposição para o levarem até o bebedouro, já que ele era cego.

– Não demorem e tomem cuidado! Há muitas coisas espalhadas pelo chão! – disse Débora, a catequista.

Naquela véspera de Natal, chovia. E os nossos três amiguinhos tomavam cuidado para não tropeçarem em nada, já que, à medida que se afastavam da sacristia, o corredor ficava mais escuro. A igreja passava por uma reforma com o dinheiro que foi arrecadado na quermesse, e, com isso, o bebedouro teve de ficar afastado. Relampejava bastante naquela noite. De repente, eles tropeçaram em latas de tintas e caíram numa sala escura.

– Você se machucou, Fer? – perguntou Pedrinho.

Fernando respondeu que não, enquanto se assentava no chão, rindo. Amanda ficou preocupada com as roupas que usavam do figurino do teatro, pois não poderiam sujá-las.

– Gente, olha só o tamanho daquele livro! – exclamou Pedrinho ao ver, com a ajuda dos relâmpagos, um livro muito grande, maior que eles, encostado à parede.

Amanda disse que parecia ser uma grande Bíblia. Fernando pediu que o levasse até a Bíblia porque queria vê-la. As pessoas que são cegas enxergam através do tato, ou seja, do toque das mãos. Fernando viu que a capa era de veludo e Amanda disse que era de cor vermelha. Eles abriram a grande Bíblia. Pedrinho folheou algumas páginas e ele e Amanda viram o desenho de uma paisagem. Relataram tudo para Fernando. Neste desenho via-se um caminho de terra entre árvores e, ao fundo, montanhas.

– Nossa! Até parece que é real esse desenho. Até parece que dá pra atravessar. Lá no fundo dá pra ver umas montanhas, e até passarinhos voam no céu. Parece de verdade.

– Vamos lá então! – disse Fernando, curioso.

– Você está doido, Fer? – disse Amanda segurando o amiguinho que jogava o corpo para frente.

– Vamos lá! – insistiu Fernando.

– Não, Fer! Esqueceu que a gente tem um teatro de Natal pra apresentar agora?

– Relaxe, Amanda. Vamos lá só um pouquinho, a gente atravessa, vê como que é lá do outro lado e volta! – disse Pedrinho.

– Não, Pedro!

– Largue de ser medrosa, Amanda! – exclamou Fernando, que puxou forte as mãos dos amigos e os três atravessaram misteriosamente aquela página ilustrada da grande Bíblia.

Amanda ficou chateada com a atitude de Fernando. Caminharam um pouco observando o lugar. Os passarinhos sobrevoavam suas cabeças, dando-lhes as boas-vindas. De repente, eles escutaram um estalo. Viraram-se para trás e viram que a passagem estava se fechando e que a sala escura do outro lado estava desaparecendo. Correram para tentar voltar, mas não deu tempo. Os três estavam presos naquele lugar sem saber onde estavam.

– E agora? E a gente nem sabe que lugar é esse! Não tem ninguém aqui além da gente! Como a gente vai fazer pra sair daqui? Como a gente vai voltar?

– Não sei, Amanda. Mas a gente vai dar um jeito. Deve ter um jeito. Vamos fazer o sinal da cruz, invocar a Santíssima Trindade em nosso meio. Minha mãe sempre diz pra eu fazer o sinal da cruz quando eu tiver medo.

E os três fizeram junto o sinal da cruz, dizendo essas palavras:

– Pelo sinal da santa cruz, livrai-nos Deus, Nosso Senhor, dos nossos inimigos. Em nome do Pai, e do Filho, e do Espírito Santo. Amém!

– Pra onde a gente vai agora? – quis saber Amanda.

Amanda estava com muito medo. Mas eles nem tinham ideia. Resolveram seguir aquele caminho para ver se encontravam alguém. Depois de muito tempo andando e sem encontrarem ninguém, Amanda pediu para se assentarem e descansarem um pouco, pois suas pernas estavam doendo. Os três se assentaram debaixo de uma grande árvore e encostaram-se a ela. Eles acabaram cochilando e só acordaram quando ouviram duas mulheres conversando sobre um homem que estava realizando milagres incríveis e que o seu nome era Jesus. Eles escutaram atentamente sem pedir ajuda.

– Olha, gente, eu não vejo, mas escuto muito bem. Essas duas mulheres aí que passaram por nós estavam, por acaso, falando de Jesus? – perguntou Fernando.

Pedrinho e Amanda disseram que falavam de um tal de Jesus, sim. Fernando ainda perguntou se as pessoas que passaram por eles usavam roupas como as que eles usavam do figurino do teatro, e eles responderam que sim. Até que Amanda percebeu o que Fernando estava querendo insinuar e disse toda eufórica:

– Gente! Viemos parar no tempo de Jesus!? Não acredito!

– Vamos seguir essas pessoas! Eu quero ver Jesus! Levem-me até Ele, gente, por favor! – pediu Fernando.

Eles, então, seguiram aquelas pessoas. Depois de um tempo, viram uma grande aglomeração de pessoas sentadas no chão e um homem alto, moreno, de barba e cabelos compridos de pé, falando-lhes. Chegando ao meio daquele povo, Fernando pediu para que os amigos o levassem até Jesus para que ele pudesse vê-lo. Eles foram adentrando a multidão que agora estava toda de pé pedindo licença. Quando chegaram bem próximos de Jesus, que estava de costas, um dos discípulos, Judas Iscariotes, disse-lhes:

– Para criançada, chega pra lá, vai, chega para trás!

Jesus, escutando o discípulo repreender as crianças, voltou-se atrás e disse:

– Judas! Por favor, deixe que as crianças se aproximem de mim. Venham, crianças!

As três foram até Jesus, que abençoou cada uma delas. Depois, Jesus pegou Fernando pela mão e o colocou em seu colo após se assentar numa pedra. Fernando acariciava os cabelos e a barba de Jesus para conhecê-lo. Em seguida, Jesus tocou os olhos de Fernando, tapando-lhes. Olhou para o céu, fechou seus olhos e fez uma oração em silêncio. Depois, tirou as mãos dos olhos de Fernando, que, ao abri-los, viu que estava enxergando. Ele deu um forte abraço em Jesus e lhe agradeceu. Pedrinho e Amanda correram para abraçar o amigo. Enquanto os três se alegravam com o milagre, Jesus disse às pessoas que ali estavam:

– Estes são os meus pequenos girassóis, meus pequenos discípulos. Os filhinhos amados do meu Pai. Não as repreendam em momento algum quando quiserem chegar até mim, porque o Reino de Deus pertence aos que são como elas. Eu lhes dou uma certeza: quem não receber o Reino de Deus como uma criança, não entrará nele.

Depois, Jesus foi até as crianças e perguntou o nome de cada uma e disse que era um amigo e que gostaria muito que caminhassem com Ele sem medo algum. Os três conversaram e viram que Jesus os convidava para ficarem ali com Ele, e que certamente não era a hora de voltar pra casa e que não deviam se preocupar, pois seus pais estariam bem. Por fim, Amanda disse:

– Jesus é lindo, assim como a minha avó dizia. Este foi o meu melhor presente de Natal! Mais lindo ainda seria ver Jesus bebezinho!

– Ah, eu já acho que ia ser legal ver Jesus subindo de volta pra casa do Pai! – exclamou Pedrinho.

– Que nada, maravilhoso será ver Jesus vindo pela segunda vez na Terra! – disse Fernando.

– Psiu! – repreendeu Amanda. Vamos escutar o que Jesus está ensinando!

E os três se assentaram no chão para ouvirem os ensinamentos de Jesus. Pedrinho, Amanda e Fernando não sabiam ainda como poderiam voltar para casa, nem como a catequista Débora faria para apresentar o teatrinho de Natal sem a presença deles. Mas eles sabiam que, na companhia de Jesus, nenhum mal poderia lhes acontecer. E, junto de Jesus, nossos amiguinhos vão aprender muitas coisas. Fernando, Amanda e Pedrinho eram agora pequenos discípulos de Jesus. Seja você também um pequeno discípulo e uma pequena discípula de Jesus!

A partir da leitura bíblica que foi lida e da história ouvida, a qual teve como objetivo apresentar a pessoa de Jesus como um novo amigo e companheiro, o catequista, aponta para a imagem do Cristo ressuscitado, apresenta-o para os catequizandos e diz que aquela é a imagem do nosso novo amigo, chamado Jesus de Nazaré. Ele sempre estará ao nosso lado, onde quer que andemos.

Logo após, retoma o texto bíblico e a historinha, pergunta o que sabem a respeito de Jesus. Deve-se deixar que os catequizandos falem, prestando atenção no que dizem valorizando o que cada um falou, ressaltando como Jesus os ama e abençoa.

Ao falar que Jesus abençoa as crianças no texto bíblico, o catequista explica o que é a bênção e o ato de abençoar (ver texto do material de apoio), falando da sua importância e motiva-os a pedir sempre a bênção para o padre, pais, avós, padrinhos e ao catequista. Se for conveniente, incentivá-los a pedir-lhe a bênção, sempre que chegarem nos encontros de catequese.

Conclusão: O catequista orienta para que colem o cartão com o nome de um colega no *Diário Catequético e Espiritual* e diz-lhes que o compromisso da semana será o de rezar todos os dias para essa pessoa, pedindo que Jesus sempre a proteja e a abençoe. Orientar também sobre as demais questões propostas no *Diário* relacionadas ao encontro, bem como os motivar a convidar os pais e responsáveis a se reunirem e colocar em prática as atividades sugeridas pelo **Subsídio da Família**.

Oração final: Em pé, ao redor da Mesa da Palavra, convidar os catequizandos a rezar o Pai-nosso e, no final, conclui com a seguinte oração:

Deus Pai de bondade que conhece a cada um de nós pelo nome, nós te louvamos e te agradecemos por esse encontro e por todos os novos amigos que fizemos, que nos tornemos em Cristo uma só família. Por Nosso Senhor Jesus Cristo, vosso Filho, na unidade do Espírito Santo. Amém.

No final da oração, o catequista impõe as mãos sobre a cabeça de cada catequizando e traça o sinal da cruz em sua fronte e diz: *"...N... vá em paz, que o Senhor te acompanhe! Amém".*

MATERIAL DE APOIO

O resgate da bênção e o ato de abençoar

A bênção e o ato de abençoar sempre estiveram presentes na tradição e fé da Igreja. Era muito comum os filhos pedirem a bênção aos pais, aos mais velhos, ao padre... Infelizmente com o passar do tempo este costume se perdeu. Queremos em nossa catequese resgatar este lindo costume.

Queremos resgatar no dia a dia de nossas comunidades o hábito de abençoar os pequenos momentos e situações do cotidiano, de abençoarmo-nos uns aos outros em cada encontro, em cada envio, em cada acontecimento. Hábito, não reduzindo a ação a algo mecânico, mas no sentido de reimplantar uma prática em desuso que nos torna mais próximos, mais expressivos em nosso bem-querer.

Etimologicamente, bênção do latim *benedictione*, é o ato de abençoar, pedir favor, benefício, dom do céu, para outrem. Abençoar é, portanto, desejar e pedir a graça e o bem ao outro, é falar bem, opostamente à maldição, que imputa a desgraça e o mal.

Várias passagens bíblicas nos falam da bênção, como podemos ler na carta de 1 Pedro (3,9):

"Não pagueis mal por mal, nem injúria por injúria; ao contrário, bendizei, porque para isto fostes chamados, isto é, para serdes herdeiros da bênção". Ainda na Carta de Paulo aos Romanos (12,14): "Abençoai os que vos perseguem; abençoai e não amaldiçoeis".

Afirma o *Catecismo da Igreja Católica* no parágrafo 1669: "...todo batizado é chamado a ser uma 'bênção' e a abençoar".

Abençoar é afirmar, em palavras ou gestos, que amamos a quem nos dirigimos, que somos solidários e fraternos em suas dificuldades ou alegrias. Abençoar é um gesto de amor entre os esposos, entre pais e filhos, entre amigos e entre estranhos, até mesmo em nossa relação com Deus pela criação, seja pela graça do alimento, seja pela fruição da natureza.

Que possamos, enquanto catequistas, ajudar nossos catequizandos e comunidade a adquirir novamente este belo costume que muito reflete o ser cristão.

Leia também o artigo: "Advento, tempo de importantes encontros", de Domingos Zamagna. Publicado no livro ***Liturgia em mutirão II***. Brasília: Edições CNBB. Ficha 73.

2º Encontro

O começo de uma nova história

(Encontro a ser realizado na 2ª SEMANA DO ADVENTO)

Palavra inicial: Catequista, o objetivo desse encontro é apresentar a pessoa de João Batista, como um grande profeta que anunciou e preparou o caminho de Jesus; compreender o conceito de Advento, procurando esclarecer que, com a vinda de Jesus, estaremos nos preparando para vivenciar mais um ano litúrgico.

Preparando o ambiente: Ambão (Mesa da Palavra) com toalha roxa e vela. Material para a coroa do advento a ser preparada pelos catequizandos: 4 velas (não tem cor específica para as velas da coroa do advento, podem ser brancas, três roxas e uma rosa, ou ainda seguindo as cores litúrgicas), ramos verdes, floral, fitas vermelhas.

Acolhida: O catequista acolhe os catequizandos, saudando-os carinhosamente, dizendo: *"Seja bem-vindo ... N ..., Deus te abençoe!"*

Recordação da vida: Neste momento, o catequista poderá fazer uma avaliação sobre como foi a semana, o que fizeram, como vivenciaram o que aprenderam no encontro anterior. Solicitar que relatem o compromisso vivido e registrado no *Diário Catequético e Espiritual*. Se der espaço permitir que mostrem a história em quadrinhos sobre o compromisso vivido ou falem sobre ela. Após, aproveitando o que foi expresso pelos catequizandos, fará uma sensibilização, preparando-os para a reflexão do encontro, com essas ou outras palavras: *Amados catequizandos, no encontro de hoje vamos refletir sobre o Advento, tempo de alegre espera que nos recorda o nascimento de Jesus, o qual transformou a vida de toda a humanidade.*

NA MESA DA PALAVRA

Oração inicial: O catequista convida a todos a Mesa da Palavra para a oração inicial, onde poderá ser rezada a oração de invocação do Espírito Santo.

Após a oração convidar para aclamarem o Evangelho com um canto, e na sequência proclamar a passagem do Evangelho.

Leitura do texto bíblico: Mt 3,1-3.10-12.

O catequista lê o texto indicado e, em seguida, lê-o novamente, desta vez pausadamente, destacando alguns pontos do texto:

> *"Naqueles dias, apareceu João Batista pregando no deserto da Judeia: 'Convertei-vos, porque está próximo o Reino dos Céus [...] Preparai o caminho do Senhor..."*

Após a leitura todos voltam para a Mesa da Partilha.

NA MESA DA PARTILHA

Pedir para os catequizandos que recontem a passagem bíblica (reconstruam o texto): Quem gritava no deserto (nome)? Qual era o país? O que ele dizia, pregava? Nesse momento, o catequista verificará se houve um entendimento sobre a leitura.

Recordar que o amigo que falamos no encontro anterior, Jesus, é o mesmo personagem que João Batista anuncia.

Contar a história "Jesus: de criança para criança", e enfatizar que hoje nós somos os responsáveis em preparar o caminho do Senhor.

Jesus: de criança para criança

Anoitecia, e os nossos amiguinhos, o Pedrinho, a Amanda e o Fernando, se assentaram em volta a uma fogueira onde havia vários discípulos de Jesus, mulheres e outras crianças. Bartolomeu, um dos discípulos, com a ajuda de uma mulher chamada Judith, distribuía pães a todos.

– Sabe o que eu não entendo, gente? Por que a gente veio parar aqui na época de Jesus? – indagou Amanda aos amigos.

– Eu acho que sei!

– Então diga pra gente, Pedrinho! – exclamou Fernando.

– A gente ouviu agora há pouco a Judith falar de João Batista, que ele pregava no deserto preparando o caminho do Senhor Jesus...

– Tá, e daí?

– E daí, Amanda, que eu acho que a gente veio parar aqui para aprendermos tudo sobre Jesus, e quando voltarmos pra casa a gente possa ajudar os nossos amigos e outras crianças a conhecerem também Jesus. E, assim, a gente pode dar um novo rumo pra história da humanidade.

– Nossa, Pedrinho, falou difícil, que nem gente grande, heim! – disse Fernando, dando um tapinha nas costas do amigo.

– ... João Batista falava de Jesus, que ainda ia aparecer às pessoas revelando o amor de Deus; no nosso caso, na nossa época, Jesus é conhecido, só deixou de ser seguido, continuou Pedrinho.

– Você tá querendo dizer que devemos ser como João Batista? Sair gritando no meio do povo? – perguntou Amanda.

– Claro que não! Hoje a gente pode falar de Jesus de diversas maneiras: pela TV; por desenhos; livros; músicas... de vários jeitos.

– Mas somos crianças, Pedrinho! Como vamos falar de Jesus, e quem vai nos ouvir?

– Se você tá querendo dizer que os adultos não ouvem as crianças, então, vamos nós, crianças, falar de Jesus para outras crianças!

Os três não disseram mais nada. Passaram o resto da noite pensando, refletindo sobre João Batista e de que forma eles poderiam apresentar Jesus para outras crianças que ainda não o conheciam. Em seguida, todos foram dormir na casa da tia de um dos discípulos de Jesus.

Conversar com os catequizandos sobre o texto bíblico e a história, falando da missão de João Batista em anunciar a chegada do Messias (Jesus), da maneira em que João assumiu essa missão. Explorar ainda como os catequizandos podem ser também anunciadores, preparando a cada dia a vinda de Jesus, para que Ele possa vir e fazer morada no coração das pessoas. Dizer que a Igreja propõe um tempo por excelência de anúncio de Jesus, dentro do seu calendário, chamado de Advento. Tempo de anunciar a vinda e o nascimento de Cristo, que nasce todos os dias no coração daqueles que estão abertos a acolhê-lo.

Após refletir sobre o texto bíblico e a historinha, fazer uma sondagem sobre os símbolos do Tempo do Advento e dos quais trabalharão neste encontro (coroa do advento). Questionar se perceberam algo de diferente na missa que participaram na semana anterior até se referirem à coroa do advento. Depois de conversar sobre este símbolo o catequista, disponibiliza o material e, explicando seus significados, convidará os catequizandos a montarem a coroa do advento.

Explicar para os catequizandos que o primeiro símbolo de anúncio do Natal, que começa a aparecer no início do Advento, é a coroa ou guirlanda do advento. A coroa, como o próprio nome indica, é uma guirlanda de ramos verdes naturais, como sinal de esperança e vida, enfeitada com uma fita vermelha, que simboliza o amor de Deus que nos envolve, bem como a manifestação do nosso amor, que espera ansioso o nascimento do filho de Deus. Composta de quatro velas que são acesas uma em cada domingo do Advento. É o gesto de acendê-las que expressa a progressiva esperança e a vinda gradual da Luz até o resplendor do Natal. A cada vela acesa, a luz aumenta, indicando que a grande Luz, Jesus Cristo, está próxima, dissipando assim todas as trevas do medo e da falta de esperança.

Após essa explicação, poderá acender a primeira e a segunda velas, e indica que já estamos no segundo domingo do Advento. Orientar que, durante os próximos domingos do Advento, serão acesas as outras duas velas restantes, bem como faremos o mesmo em nossos encontros de catequese. Enquanto se acendem as velas pode ser entoado um canto.

O catequista poderá propor ainda para que cada catequizando, com a ajuda dos pais ou responsáveis, confeccionem uma coroa do advento em casa, como sugerido no Subsídio da Família.

Conclusão: Procurar, no decorrer da semana, refletir e questionar-se sobre: Como estamos convivendo com as pessoas? Como estamos agindo diante dos que aprendemos na catequese, com nossos familiares e na escola com os professores? Como está a nossa preparação para a vinda do Salvador? Explorar que devemos estar em comunhão com Deus e com o nosso próximo, para que no dia da sua vinda estejamos bem-preparados para recebê-lo.

Observar, durante a semana, atitudes e gestos que colaboram para que a vida possa nascer e ser preservada.

Oração final: Convidar os catequizandos a ficarem de pé em volta da Mesa da Palavra, onde o catequista faz as orações abaixo e os catequizandos respondem: *"Que assim seja"*.

Catequista: Que todos nós possamos ter no coração a certeza da esperança da vinda de Jesus em nosso meio. R.

Catequista: Que tenhamos um espírito humilde, capaz de reconhecer nossos erros e abertos a reconciliação. R.

O catequista deverá incentivar os catequizandos a fazerem orações espontâneas e conclui com essa oração:

Deus, Pai de bondade, que enviastes seu Filho Jesus Cristo à terra por amor de cada um de nós, fazei que, a exemplo de João Batista, sejamos seus anunciadores. Por Nosso Senhor Jesus Cristo, vosso Filho, na unidade do Espírito Santo. Amém.

No final da oração o catequista impõe as mãos sobre a cabeça de cada catequizando e traça o sinal da cruz em sua fronte, dizendo: *"...N... vá em paz e anuncie o nome de Jesus! Amém"*.

MATERIAL DE APOIO

Ler o artigo sobre o Ano Litúrgico que se refere ao Tempo do Advento no anexo 1.3: "**Advento: Tempo de esperar com esperança!**"

Leia também o artigo: **"A coroa do advento"**, de autoria da Ir. Veronice Fernandes, pddm. Publicado no livro **Liturgia em mutirão II**. Brasília: Edições CNBB. Ficha 69.

3º Encontro

Ele é Filho de Deus

(Encontro a ser realizado na 3ª SEMANA DO ADVENTO)

Palavra inicial: Querido catequista, neste encontro podemos explicar a importância do SIM de Maria dentro do projeto de salvação de Deus e depois recordar que o seu Filho é o nosso amigo que conhecemos no primeiro encontro, o qual não é um amigo qualquer: Ele é filho de Deus. É o único amigo que sempre estará ao nosso lado.

Preparando o ambiente: Ambão (Mesa da Palavra) com toalha roxa, coroa do advento e vela ao lado do ambão. Na Mesa da Partilha colocar o presépio, sem a imagem de Jesus. Antes de iniciar o encontro, o catequista acende a primeira e a segunda velas da coroa do advento, deixa a terceira para um catequizando acender no momento da oração inicial. Para a oração inicial, distribuir cartões contendo a oração da Anunciação (*Ângelus*).

Acolhida: O catequista acolhe cada catequizando com um abraço, dando-lhe boas-vindas, e manifesta sua alegria pelo encontro com eles. *"...N..., seja bem-vindo ao nosso encontro!"*

Em seguida entregar para cada um a oração do *Ângelus*, explicando que a mesma será usada na oração inicial.

O catequista convida os catequizandos a se cumprimentarem uns aos outros e verificarem quem está faltando. É importante valorizar este momento, manifestar a falta daqueles que não compareceram, pois já formamos uma comunidade.

Pode-se escolher um canto de acolhida que manifeste como é bom estar no encontro e ensiná-los, cantando com os catequizandos.

Recordação da vida: Fazer primeiramente um momento de recordação da vida, permitindo que os catequizandos comentem sobre fatos e acontecimentos (bons ou ruins) que marcaram a semana. Deixar os catequizandos falarem espontaneamente e, logo após, fazer uma breve retrospectiva do assunto do encontro anterior, destacando que nele viram que o Profeta João Batista nos anunciava que chegaria para nós aquele que iria trazer à humanidade a vida plena, a salvação. Logo após, convidar os catequizandos a partilhar o que registram no *Diário Catequético e Espiritual*, que dúvidas apareceram, como exercitaram o compromisso de observar as atitudes e os gestos realizados pelas pessoas que contribuem para a vida nascer e ser preservada.

NA MESA DA PALAVRA

Oração inicial: Num clima de oração, o catequista convida um catequizando para acender a terceira velada coroa do advento e, enquanto isso, faz-se o sinal da cruz dizendo ou cantando: *Nós estamos aqui em Nome do Pai, do Filho, e do Espírito Santo! Amém!*

Depois faz uma breve monição, com essas ou outras palavras: *A vinda de Jesus ao mundo transformou nossa vida, Jesus é a luz do mundo. A luz enche de graça e beleza todas as coisas. A humanidade toda era triste e sem vida, sem a presença de Jesus. Ele é o enviado do Pai, logo, o menino que a Virgem daria à luz seria chamado Filho de Deus. Motivá-los a rezar pedindo a intercessão de Maria, para que este menino possa nascer no nosso coração e no coração de nossas famílias e de toda a humanidade.*

Na sequência o catequista convida os catequizandos para rezar a oração da anunciação (*Ângelus*). O catequista poderá fazer o "Leitor 1 (L1)" e os catequizandos o "Leitor 2 (L2)".

L 1: O anjo do Senhor anunciou a Maria,

L 2: e ela concebeu do Espírito Santo.

Todos: Ave Maria cheia de graça...

L 1: Eis aqui a serva do Senhor,

L 2: faça-se em mim segundo sua palavra

Todos: Ave Maria cheia de graça...

L 1: E o verbo se fez carne

L 2: e habitou entre nós.

Todos: Ave Maria cheia de graça...

Oremos: Infundi, Senhor, a vossa graça em nossas almas para que, conhecendo pela anunciação do Anjo a encarnação de vosso Filho Jesus Cristo, cheguemos por sua paixão e cruz à glória da ressurreição. Por Nosso Senhor Jesus Cristo, vosso Filho, que é Deus convosco, na unidade do Espírito Santo. Amém.

O catequista convida os catequizandos a aclamarem o Santo Evangelho com um canto e depois se aproxima do Ambão (Mesa da Palavra), de onde proclama a passagem do Evangelho de Lucas.

Leitura do texto bíblico: Lc 1,26-38.

O catequista lê o texto indicado e, em seguida, lê-o novamente, desta vez pausadamente, com destaque em alguns pontos importantes:

"No sexto mês, o Anjo Gabriel foi enviado da parte de Deus [...] a uma virgem [...] conceberás e darás à luz um filho, e lhe porás o nome de Jesus [...] e será chamado Filho do Altíssimo [...] O Espírito Santo descerá sobre ti, e o poder do Altíssimo te cobrirá com sua sombra; é por isso que o menino santo que vai nascer será chamado Filho de Deus..."

Após a leitura todos voltam para a Mesa da Partilha.

NA MESA DA PARTILHA

Reconstruir o texto bíblico com os catequizandos com perguntas e comentários sobre o que ouviram. Em seguida fazer a dinâmica do **"sim ou não"**. O catequista explica que fará algumas perguntas, as quais devem responder *"sim ou não"*, mas sem falar, procedendo da seguinte forma: o gesto do "sim" são os braços estendidos para frente; o gesto do "não" são os braços cruzados sobre o peito.

Na sequência, o catequista faz as perguntas: Quem quer tomar sorvete? Quem quer levar um beliscão? Quem arrumou a cama? Quem foi à missa no domingo? Quem recusou o convite de um amigo para brincar, para vir à catequese? Quem tem uma novidade para contar e precisa manter em segredo por algum tempo? Fazer outras perguntas que envolvam ser convidado para algo que demande renúncia, sacrifício, segredo, seguindo a proposta do texto bíblico de acordo com a realidade da turma.

Após a dinâmica, conversar com os catequizandos e dizer que todos os dias tomamos decisões e dizemos sim ou não, comentando que Maria também teve que dar sua resposta a Deus, e desta resposta dependeria o futuro da humanidade. Afinal, ser mãe do Filho de Deus era uma responsabilidade muito grande, e ela assumiu esta missão através do seu SIM, aceitando o convite de Deus.

Na sequência contar a historinha "Na casa de Maria", e depois conversar sobre o fato de que Deus nos faz muitos convites e cabe a cada um de nós a decisão de aceitar ou não.

Na casa de Maria

Nossos amiguinhos, Pedrinho, Amanda e Fernando, os pequenos girassóis como Jesus costumava chamar as crianças que o seguiam, haviam acabado de almoçar na casa de Maria, a mãe de Jesus. As crianças estavam passando uns dias com Maria, que tinha ouvido a versão das crianças de como elas haviam ido parar ali. Disseram sobre o futuro, sobre o teatro de Natal, da grande Bíblia que encontraram e a atravessaram.

Sentados na varanda da casa, os três pareciam tristes, desanimados, porque sentiam falta de casa, dos pais, dos amigos. Maria se assentou junto deles.

– Que carinhas são essas? O que aconteceu, meus filhinhos?

– É que a gente tá com saudades de casa, Maria! – respondeu Amanda.

– Entendo perfeitamente o que estão sentindo! Porque também fico com muitas saudades do meu filho, quando Ele fica muito tempo caminhando de cidade em cidade falando sobre seu amado Pai, ensinando lições de amor, de como viver para ser verdadeiramente feliz.

– Pois é! Nossos pais devem estar preocupados... – disse Fernando com os olhos marejados.

– Meus filhinhos, não fiquem assim! Eu acredito em vocês e sabem disso; acredito em tudo que disseram e de como vieram parar aqui em Nazaré. Ou, como vocês me contaram, que voltaram no tempo atravessando um grande livro chamado Bíblia. Mas, olha... Assim como aconteceu comigo, Deus, o nosso Paizinho do Céu, por meio de Jesus, convida vocês a segui-lo, para quando voltarem para o futuro mais e mais crianças possam experimentar o amor de Deus. Sinto que estão com saudades e até com medo de nunca mais voltar pra casa. Mas, confiem em mim, e tenham a certeza de que logo logo vocês vão voltar.

– Mas quando, Maria? – quis saber Amanda.

– Filhinhos! Deus tem um propósito, um desejo pra cada um de vocês, assim como teve comigo. Vocês não estão aqui por acaso. Se não quiserem ficar, digam ao meu Filho Jesus. Mas se quiserem ser seus amigos, e saber tudo o que Ele tem para ensinar sobre nosso amado Deus que está no céu, fiquem. Acreditem, meus filhinhos, que o fato de a Bíblia aparecer lá na igreja era um convite de Deus para vocês virem pro passado.

– Ah, será Maria? – perguntou Pedrinho.

– Confio plenamente nisso! Quando Deus enviou o Anjo Gabriel para me dizer que eu tinha sido escolhida para ser a mãe de seu Filho, eu fiquei com medo também. E pensei tantas coisas! O anjo era o porta-voz do convite que o nosso amado Deus me fazia. Se eu não tivesse aceitado o seu chamado Ele iria respeitar, tenho certeza, porque Ele sabe tudo sobre nós. Ele conhece o íntimo dos nossos corações, porque foi Ele quem nos criou. Meus filhinhos, vocês foram chamados para participar do teatro de Natal na igreja, não foram?

– Aham! – responderam os três.

– Alguém convidou vocês, e vocês aceitaram, não foi assim? Se tivessem falado não, iriam agradecer e certamente chamariam outras pessoas. O mesmo digo a vocês, se não quiserem seguir Jesus, é só dizer.

– Eu quero continuar seguindo Jesus! Eu acredito no que você disse, e que um dia vamos voltar com uma missão! – disse Pedrinho.

– Eu também quero ficar! – disse Amanda.

– Se vocês ficarem, eu também fico!

– Coragem, pequenos discípulos de Jesus, e não precisam ter medo. E entreguem-se totalmente a Jesus, e confiem em nosso amado Deus. Tudo vai dar certo, e tenho certeza de que não vão se arrepender em ficar mais um tempinho comigo e com Jesus. Bem, agora preciso pegar água no poço. Alguém quer ir comigo?

Os três foram com Maria pegar água no poço. A saudade de casa ainda era grande, mas eles não podiam decepcionar a Deus. Se Ele fez o convite, por meio da Bíblia, eles deveriam aceitar e seguir em frente, até chegar a hora de voltar.

Conclusão: O catequista pede para que cada catequizando reze durante a semana uma Ave-Maria antes de dormir, se possível com sua família, pedindo que Jesus possa nascer no coração de toda a humanidade.

Oração final: O catequista convida todos a ficarem de pé em volta da Mesa da Palavra e rezarem a oração do Pai-nosso. Logo após, o catequista conclui com a oração:

Ó Deus todo-poderoso, pela intercessão de Maria, Mãe de Jesus e nossa Mãe, socorrei os fiéis com vossa proteção, livrando-os de todo mal neste mundo e dando-lhes a alegria do céu. Por Nosso Senhor Jesus Cristo, vosso Filho, na unidade do Espírito Santo. Amém!

No final da oração o catequista impõe as mãos sobre a cabeça de cada catequizando e traça o sinal da cruz em sua fronte, dizendo:

"...N..., renove seu sim a Deus a cada dia, vá em paz, que o Senhor te acompanhe! Amém".

4º Encontro

Pelo nosso SIM formamos uma só família

(Encontro a ser realizado na 4ª SEMANA DO ADVENTO)

Palavra inicial: Dando continuidade ao encontro anterior, nesse encontro valorizar o SIM de Maria, e a seu exemplo o SIM que damos a cada dia como adesão ao projeto de Deus. O objetivo deste encontro é refletir que somos Igreja, povo de Deus. Pelo sim de Maria, Jesus veio ao mundo, Deus fez-se homem. O nosso sim como o de Maria é condição para nos unirmos a Cristo e formarmos um só corpo, tendo Ele como a cabeça. Com o nosso sim, colocamos os nossos dons a serviço da comunidade, e formando uma grande família.

Preparando o ambiente: Ambão (Mesa da Palavra) com toalha roxa e flores. Ao lado, em destaque, imagem de Nossa Senhora e uma vela acesa. Para a dinâmica: tarjas de papel ou retalhos de tecido, cola, canetas coloridas.

Acolhida: Acolher os catequizandos com a frase: "Com seu sim ...N... formaremos uma grande família".

Recordação da vida: Fazer um momento de recordação da vida, permitindo que os catequizandos comentem sobre fatos e acontecimentos (bons ou ruins) que marcaram a semana. Deixar os catequizandos falarem espontaneamente e, logo após, fazer uma breve retrospectiva do assunto do encontro anterior, explorando com perguntas relacionadas também ao que registraram no *Diário Catequético e Espiritual* que desejem partilhar.

NA MESA DA PALAVRA

Oração inicial: Inicia-se a oração inicial, onde poderá ser invocado o Espírito Santo com um canto ou com a oração: "Vinde, Espírito Santo..."

Em seguida o catequista proclama a leitura bíblica indicada.

Leitura do texto bíblico: Rm 12,3-6.

O catequista lê o texto indicado e, em seguida, lê-o novamente, desta vez pausadamente, com destaque em alguns pontos do texto:

> *"[...] todos e a cada um de vós que não faça de si próprio um conceito maior do que convém [...] temos muitos membros e cada um de nossos membros possui diferente função [...] Temos, porém, dons diferentes..."*

NA MESA DA PARTILHA

Contar a historinha "O que é dom?", conversar com os catequizandos que cada pessoa tem um dom diferente e que cada um completa o outro se for colocado a serviço da comunidade.

O que é dom?

Era quase hora de dormir. Pedrinho, Amanda e Fernando estavam assentados na varanda da casa de Maria olhando as estrelas no céu.

– Maria falou que Deus e Jesus têm uma missão pra gente, e a gente até já falou disso, de que a gente deve falar de Jesus pra outras crianças quando voltar pra casa. Mas, galera, como a gente vai fazer isso? – perguntou preocupada Amanda.

– Uma vez, na missa, o padre disse que o Espírito Santo de Deus que mora em cada um de nós, e que dá força para que a Igreja continue existindo, faz nascer em nós dons. Vai ver que depois, quando a gente voltar, a gente descubra os nossos dons, e aí usamos eles pra falar de Jesus pras crianças... – disse Pedrinho.

– Dons? O que é isso, Pedrinho?

– Fer, dom é a mesma coisa que talento. Cada um de nós tem um talento ou dom.

– Por exemplo, Fer... – quis completar Amanda:

"Um dia, minha mãe tava conversando com as minhas tias lá em casa sobre essa coisa de dom, de talentos. Minha mãe, desde criança, gostava muito de cuidar das outras irmãs quando ficavam doentes. Daí, ela descobriu que ela tinha talento para ser enfermeira. Já minha tia Joana, sempre gostou de cozinhar. A macarronada dela é a melhor que existe nesse mundo. E a minha tia Darci, disse que nunca gostou de cozinhar, que o dom dela é fazer artesanato, e que compra marmita todo dia, porque sempre queima tudo que vai cozinhar".

– Ah, entendi. Então, dom ou talento é aquilo que de melhor a gente sabe fazer e que a gente pode usar pra fazer o bem pras pessoas! – disse Fer.

– Isso mesmo! A gente ainda vai descobrir qual é o dom de cada um de nós, e aí, quando a gente voltar, vamos poder usá-los para o bem das crianças e da nossa paróquia.

– Isso Pedrinho! A gente vai saber como usar esses nossos dons da melhor forma, porque o Espírito Santo de Deus, que é a força de Deus que mora em cada um de nós, como você disse, vai agir e vai nos levar pelo melhor caminho! – finalizou Amanda.

– Filhinhos! Hora de dormir! – chamou Maria, aparecendo na porta.

Os três se levantaram e foram dormir. Mas, antes, eles rezaram, agradeceram a Deus pelo dia que tiveram, pediram para cuidar dos pais, parentes e amigos e depois ficaram imaginando, até pegarem no sono, quais talentos eles teriam.

Perguntar para os catequizandos o que elas entendem sobre a palavra **"dom"**. Depois de ouvi-los fazer uma breve explicação e destacar a importância dos diferentes dons na vida da comunidade.

Dinâmica: Distribuir tarjas de papel ou retalhos de tecido de diversas cores e tamanhos e pedir que os catequizandos façam um desenho do que quiserem. Logo após, colar esses retalhos em um papel maior, formando uma colcha de retalhos. Após a atividade, fazer questionamentos para relacionar o texto bíblico, a historinha e a dinâmica, como por exemplo:

- Os desenhos que fizemos são idênticos? Cada um pensou em desenhar a mesma coisa?
- Os pedaços de papel e os retalhos são iguais (mesmo tamanho, mesma cor)?
- Esses pedaços sozinhos serviriam para alguma coisa?
- Como vimos na historinha e na passagem bíblica, existe alguém melhor ou maior que o outro?

Fazer com que os catequizandos percebam que ninguém é melhor do que o outro, que precisamos uns dos outros para viver. Ninguém vive sozinho. Quando nos unimos, complementamo-nos e formamos uma grande comunidade. A maneira de pensar e o dom de cada um é importante para completar o outro, ajudando-nos a formarmos uma grande comunidade.

Conclusão: Pedir a cada catequizando para que, com a ajuda dos pais, escreva no *Diário Catequético e Espiritual* na página referente ao encontro de hoje, qual o seu dom e como poderá colocá-lo a serviço do próximo e da comunidade. Como poderá dar seu SIM a exemplo de Maria para beneficiar a comunidade, o próximo. O catequista poderá solicitar que tragam no próximo encontro o *Diário* para partilhar os seus registros.

Oração final: O catequista convida todos para que estejam em círculo de mãos dadas e façam preces espontâneas de agradecimento a Deus. Expressar louvor pela vida dos catequizandos: aniversariantes de batismo do mês, pela família ou outros acontecimentos na comunidade. O catequista conclui com a oração:

> *Ó Deus, concedei-nos a graça de acolher-te em nosso coração, pois queremos ser tua Igreja viva, unidos ao seu corpo sagrado, pois Tu és a cabeça e nós os membros. Por Cristo Nosso Senhor. Amém!*

No final da oração a catequista impõe as mãos sobre a cabeça de cada catequizando e traça osinal da cruz em sua fronte, dizendo:...*N... ide em paz, que o Senhor te acompanhe! Amém.*

Lembrete: *Na semana do Natal e do Ano-Novo não haverá encontros de catequese, porém os catequizandos devem ser incentivados a participar das celebrações da comunidade (Missa da Vigília e do dia do Natal, Sagrada Família e Maria Mãe de Deus). Também devem ser incentivados a rezarem em família e a fazerem as atividades do* Diário Catequético e Espiritual do Catequizando. **Os encontros de catequese retornam na semana após a celebração da Epifania do Senhor**.

5º Encontro

Somos escolhidos

(Encontro a ser realizado na semana após celebração da EPIFANIA DO SENHOR)

Palavra inicial: O objetivo desse encontro é percebermos que Deus nos escolheu, para servi-lo e amá-lo. Somos os escolhidos por Deus para uma grande missão e estamos aqui para descobrirmos, através da luz do Espírito, o seu sentido a fim de sermos mais felizes no mundo de hoje e nos tornamos discípulos do seu Filho Jesus.

Preparando o ambiente: Ambão (Mesa da Palavra) com tolha branca, vela, flores. Para a dinâmica: preparar flores de papel tipo dobradura com o nome de cada catequizando (ver anexo 3 – modelo flor de papel) e bacia grande com água.

Acolhida: O catequista acolhe os catequizandos com a saudação: *"...N..., bendito seja Deus que te conhece e te chama pelo nome!"*, conduzindo-os para dentro da sala de encontro. Na sequência pede para que se assentem nas cadeiras ao redor da mesa e entrega-lhes uma flor de papel fechada com o seu nome escrito.

Quando já estiverem na sala, saúda a todos mais uma vez, desejando-lhes boas-vindas.

Recordação da vida: Após serem acolhidos, farão uma retrospectiva da semana, e o catequista poderá perguntar sobre o encontro anterior: se fizeram a atividade de casa, quais as dificuldades encontradas, pedindo para que partilhem o que cada um escreveu e experienciou. Poderão destacar, ainda, os acontecimentos importantes que possam ter ocorrido na vida da comunidade e a participação nas celebrações do Tempo do Natal.

NA MESA DA PALAVRA

Logo após a recordação da vida todos se colocam em pé ao redor da Mesa da Palavra.

Oração inicial: Rezar a oração ou substituí-la por um canto com a mesma finalidade, invocando o Espírito Santo:

Jesus, durante esse encontro, envia sobre nós o teu Espírito, a fim de que nosso agir acompanhe a reflexão que faremos de tua Palavra. ***Vinde, Espírito Santo, enchei os corações dos vossos fiéis e acendei neles o fogo do vosso amor.*** *(Incentivar a repetir a frase em negrito por uma ou duas vezes e no final dizer: Amém.)*

Leitura do texto bíblico: 1Cor 1,26-31.

O catequista lê o texto indicado e, em seguida, lê-o novamente, desta vez pausadamente, com destaque em alguns pontos do texto, como por exemplo:

"[...] o que para o mundo acha loucura, Deus o escolheu para confundir os fortes [...] o que não é nada, Deus o escolheu para destruir o que é, para que nenhum mortal se orgulhe diante de Deus [...] ."

NA MESA DA PARTILHA

Contar a história *"Vem e segue-me!"*, destacando que Deus não exclui ninguém. Ao contrário, Ele nos ama, conhece e nos chama pelo nome.

Vem e segue-me!

Nossos amiguinhos ficaram muito preocupados em saber quais eram os seus dons, os seus talentos.

– Gente, eu fiquei um tempão pensando qual seria o meu dom, e não consegui descobrir! – disse Fernando, triste.

– Eu também não, Fer!

– Nem eu!

– Eu era cego... aqui eu vejo, mas, e quando a gente voltar, será que vou continuar enxergando?

– Isso a gente não sabe dizer né, Fer. Mas se você não puder enxergar lá, eu tenho certeza de que você vai poder fazer muito pra ajudar as crianças a conhecerem Jesus. Sabe por quê? Porque você sempre viu Jesus com os olhos do coração. E isso é o mais importante, porque Ele tem de morar nos nossos corações! – disse Pedrinho.

– Isso mesmo, Fer! Não é porque você não pode ver que não pode ser um bom católico, um bom filho de Deus, preocupado com o próximo, com a Igreja...

– Que bonito o que estão dizendo, filhinhos! – disse Maria, chegando com um pedaço de pão para cada um. Deus não exclui ninguém, Fernando. Ao contrário, meu amor, Ele ama, aceita e conhece cada um de nós. Você acha que eu me sentia preparada para trazer ao mundo o seu Filho Jesus?

– Acho que não! – disse Fer.

– Mas eu confiei em nosso amado Deus. Várias pessoas que hoje seguem Jesus enquanto Ele prega o amor de Deus, são excluídas pelo nosso governo, sofrem injustiças, são pobres, pecadores. Jesus não disse a nenhum deles para voltarem para as suas casas. Pelo contrário, disse a todos eles: vem e segue-me.

– É verdade. Se fosse eu, não deixava, por exemplo, o Judas Iscariotes fazer parte do grupo dos apóstolos.

– Mas por que, Pedrinho? – quis saber Maria.

– Porque ele é chato, e vai fazer uma coisa muito feia, que a gente não vai te contar pra você não ficar preocupada.

– Não precisam me contar. Mas lembrem-se de que nosso Deus, e meu filho Jesus, não excluem ninguém. Ele chama todo mundo para mudar suas ações, pra pensar naquilo que de errado estão fazendo. E só quem conhece e experimenta de verdade, lá no fundo do coração, o amor de Deus, é capaz de mudar. Quem sabe, Judas mude?

– Nossa, tomara! – exclamou Pedrinho.

O catequista conversa com os catequizandos, perguntando o que entenderam do texto bíblico e da historinha. Na sequência diz que Deus não escolhe os que são vistos como melhores pela sociedade, Deus chama e escolhe a todos. Para Deus todos podem contribuir, e juntos formar um mundo melhor e mais fraterno. Deus conhece a cada um de nós, tudo o que somos. Conhece a cada um de nós e nos chama pelo nome. O catequista poderá propor uma dinâmica aos catequizandos para que se conheçam melhor, onde cada um poderá ter a oportunidade de falar um pouco de sua história.

Dinâmica: O catequista entregará aleatoriamente uma flor de papel dobrada, tendo escrito dentro o nome de cada um dos catequizandos (em cada flor um nome). Depois pedirá para cada um, gradativamente, colocar a flor na bacia com água. Orientar para que esperem abrir e, então, pede para que pronunciem em voz alta o nome do amigo de catequese que está escrito para que todos possam ouvir. A pessoa, cujo nome foi contemplado, partilha a história do mesmo comentando: por que tem esse nome, quem o escolheu e assim por diante. Pode finalizar a dinâmica com o texto de Is 43,1. Concluir dizendo que Deus nos chama pelo nome: Ele nos ama e nos escolhe, sem fazer distinção de pessoas. Às vezes olhamos para as pessoas sem conhecer sua história, e, excluindo as pessoas sem conhecê-las, as julgamos pela aparência. Deus conhece cada um de nós e acredita no potencial que cada um tem. Após os comentários o catequista pode surpreender os catequizandos e entoar um canto com letra que possa dirigir-se a cada catequizando cantando seu nome.

Ao final o catequista pede para todos levarem a flor para casa, deixar secar e colar no *Diário Catequético e Espiritual do Catequizando* e rezar por esta pessoa durante a semana, pensando sobre a sua história.

Conclusão: Conversar com os catequizandos questionando o que podemos levar conosco deste encontro? Quem são os excluídos de nossa sociedade? O que pode mudar daqui para frente, visto que agora já sabemos que todos somos escolhidos?

Oração final: O catequista convida os catequizandos a ficarem em pé ao redor da Mesa da Palavra para rezar a oração do *Pai-nosso* e, no final, poderá concluir com a oração:

> *Ó Deus, Tu que não exclui ninguém e conhece a cada um pelo nome, ajudai-nos a amar o próximo e testemunhar seu amor neste mundo. Por Nosso Senhor Jesus Cristo. Amém!*

No final da oração, o catequista impõe as mãos sobre a cabeça de cada catequizando e traça o sinal da cruz em sua fronte dizendo: "*...N... vai em paz, que o Senhor te acompanhe! Amém*".

MATERIAL DE APOIO

Anexo 3 – Flor de papel

Lembrete: *O encontro de catequese da próxima semana será uma celebração – Celebração da água – fazendo memória da Festa do Batismo do Senhor, que celebramos recentemente na liturgia. A celebração poderá contar com a presença de toda a comunidade, pais e padrinhos de Batismo. Não precisa ser realizada no dia do encontro de catequese, poderá ser no dia e horário em que a comunidade costuma se reunir semanalmente para rezar, inserindo os catequizandos e seus familiares na vida da comunidade e facilitando a participação dos mesmos.*

Celebração da água

(Celebração a ser realizada na semana após a celebração do BATISMO DO SENHOR)

Palavra inicial: Esta celebração tem como objetivo evocar todo o simbolismo e importância do Batismo, tendo em vista que a liturgia da Igreja celebrou a "Festa do Batismo do Senhor". Fazendo memória dessa celebração litúrgica, propomos esta celebração da água, para a qual poderão ser convidados os pais e padrinhos de Batismo de cada catequizando, bem como toda a comunidade.

Preparando o ambiente: Mesa pequena com uma bacia grande ornamentada com flores naturais a sua volta, jarro com água-benta (a água deverá ser abençoada com *antecedência* pelo sacerdote), toalha branca para enxugar as mãos, círio pascal, velas, ramos verdes para a aspersão da água e vestes litúrgicas para os que vão desempenhar algumas funções: presidente, leitores, salmista... Água-benta em saquinhos ou garrafinhas para distribuir aos participantes.

Distribuindo funções: Seria importante também distribuir algumas funções com antecedência:

- Animador: para orientar as pessoas durante a celebração;
- Presidente: de preferência o próprio catequista;
- Pessoa para entrar com o círio pascal;
- Pessoa para entrar com o jarro de água;
- Pessoa para proclamar a leitura bíblica;
- Pessoa para cantar o salmo;
- Pessoa para fazer a oração da assembleia;
- Cantores *(deverão escolher com antecedência os cantos);*
- Ministros para acolhida: (os próprios catequistas ou membros da comunidade).

Enquanto os fiéis chegam e adentram ao local da celebração, pode-se cantar um refrão meditativo.

Quando todos já se encontrarem acomodados, entra em silêncio o círio pascal e o jarro com água. Ainda em silêncio, a pessoa que está com o jarro começa a despejar lentamente a água dentro da bacia.

....

Animador: Sejam todos bem-vindos! Iniciemos este momento celebrativo acolhendo em silêncio alguns símbolos.

Em seguida começa a cantar o canto de entrada (este poderá ser prolongado, até a entrada daquele que presidirá a celebração).

Canto de entrada.

Saudação inicial.

Presidente: Sejam todos bem-vindos a esta celebração. Em unidade iniciemos: *Em nome do Pai e do Filho e do Espírito Santo. Amém.*

Deus que nos regenerou em Cristo pela água e pelo Espírito Santo, esteja convosco.

R: Bendito seja Deus que nos reuniu no amor de Cristo.

Presidente: *Com esta celebração da água queremos relembrar Cristo, água viva, e o Sacramento do Batismo no qual renascemos pela água e pelo Espírito Santo. Toda vez, portanto, que somos aspergidos com água-benta ou a usamos para fazer o sinal da cruz seja ao entrar na igreja ou em casa, estaremos dando graças a Deus por seus dons inefáveis, implorando o seu auxílio, para conservar em nossa vida o compromisso do Sacramento do Batismo, que recebemos com a fé.*

Momento penitencial

Presidente: *Humildemente peçamos perdão a Deus:*

Muitas vezes deixamos de te louvar e agradecer pelo presente precioso da água.

Ref.: Perdão, Senhor! Perdão! Perdão!

Pelas vezes que não assumimos o nosso compromisso assumido no Batismo.

Pelas vezes que não testemunhamos Jesus Cristo e não fomos exemplo de cristão.

Muitas vezes desperdiçamos a água, fonte da vida.

Muitas vezes contribuímos para a poluição da água, jogando lixo nas fontes e nos rios.

Presidente: *Deus todo-poderoso, tenha compaixão de nós, perdoe os nossos pecados e nos conduza à vida eterna. Amém.*

Animador: *Podemos nos assentar para ouvir o que Deus tem a nos falar.*

1° Leitura: Gn 1,2.7.10.26-28

Salmo: Temos sede de Deus, a Água Viva (Sl 63/62).

Ref. O meu coração tem sede do Deus Vivo!

Canto de Aclamação ao Evangelho.

Evangelho: Jo 7,37-39

Reflexão: Em poucas palavras, mostrar a água como dom precioso de Deus, que merece ser cuidado com responsabilidade e senso fraterno. Falar da água como uma das figuras escolhidas por Jesus para falar de si mesmo, a Água Viva, e também como símbolo do Espírito Santo.

No final da reflexão, o presidente convida para que venham até a bacia com água os padrinhos para traçarem o sinal da cruz na fronte de seus afilhados com a água-benta, dizendo: *"Deus te abençoe ...N...!"*

Logo após, o presidente asperge toda assembleia, enquanto se canta um canto de aspersão.

Canto de Aspersão

Preces.

Presidente: *Elevemos a Deus nossas preces e pedidos comunitários:*

R: *Pela água que dá vida, pelos dons da criação! Ó Senhor do universo, eis a nossa louvação!* (CF 2004)

Leitor:

1. *Senhor, que a ninguém falte a água necessária para matar a sede e manter a saúde. R.*
2. *Senhor, dá-nos a coragem de não cruzar os braços diante da poluição das águas. R.*
3. *Senhor, abençoe todas as crianças e adultos que foram purificados nas águas do Batismo. R.*
4. *Senhor, fortaleça e ilumine todos os padrinhos de batismo em sua missão de introduzir seus afilhados na fé cristã. R.*
5. *Senhor, sacia nossa sede de vida eterna. R.*

Pai-nosso

Presidente: *Prossigamos nossa prece, implorando a vinda do Reino de Deus, rezando juntos: Pai-nosso...*

(o presidente conclui com a oração)

Oração: *Deus, nosso Pai e Criador, sacie nossa sede de amor e de paz. Que, conscientes do valor da água, sejamos cada vez mais comprometidos com o cuidado e a defesa da vida. Amém.*

Bênção final.

Presidente: *Jesus, Água Viva, sempre nos abençoe e nos guarde! Amém!*

Louvado seja Nosso Senhor Jesus Cristo!

R: Para sempre seja louvado!

No final, pode-se cantar um canto e distribuir a água-benta aos participantes para que levem para casa.

MATERIAL DE APOIO

O simbolismo da água

Água no batismo: vida nova, purificação, morte para o pecado (como nas enchentes), vigor.
Água na aspersão: purificação, renovação.
Água no "lavabo" (bacia para lavar as mãos): purificação, preparação para aproximar-se de Deus.
Água no "lava-pés": sinal de serviço.
Água-benta na porta da igreja: sinal da bênção de Deus, que acolhe e acompanha sempre os seus filhos.

A água no Sacramento do Batismo

Pe. Thiago Ap. Faccini Paro

A água é a principal exigência para se administrar esse sacramento, por isso é de suma importância aprofundar nossos conhecimentos sobre esse elemento natural tão indispensável para a vida.

A água é um elemento riquíssimo em significados: logo no primeiro livro da Bíblia, em Gn 1,2, o autor diz que "a terra estava informe e vazia; as trevas cobriam o abismo e o Espírito de Deus pairava sobre as águas". "As águas primordiais são vistas pelo autor sacro como ambiente natural em que começa a existir a vida. Graças às ordens de Deus, as águas são fecundadas e produzem a vida [...]. Frequentemente, os Padres da Igreja relacionam essas águas primordiais com as águas do batismo, como novo ambiente de vida e criação. [...] E o mesmo Espírito de Deus, que suscita a primeira criação, "pousa" sobre Maria para suscitar nela o primogênito da nova criação, e age nas águas batismais para suscitar o "homem novo", recriado à imagem e semelhança de Deus, na justiça e na santidade. A água e o Espírito são os dois fatores constitutivos do batismo"[1].

Em 1Cor 10,1-4, encontra-se um texto cheio de significados: "Não vos quero deixar ignorar, irmãos: os nossos pais estavam todos sob a nuvem, todos passaram através do mar e todos foram, em Moisés, batizados na nuvem e no mar. Todos comeram do mesmo alimento espiritual, e todos beberam da mesma bebida espiritual; pois eles bebiam de um rochedo espiritual que os seguia, e este rochedo era o Cristo".

"O tema principal é o da travessia do mar. Esse acontecimento constitui uma representação da nova travessia dos crentes em meio às águas batismais. Também aqui a água exerce um papel particular: é sinal de salvação para os hebreus (Ex 14,22)"[2].

Além disso, em muitos outros textos a água será vista de diversas maneiras pelos autores bíblicos:

- Como elemento indispensável para todo ser vivente (Gn 24,11-20; Ex 17,5; 23,25; 1Rs 18,41-45).
- A água do dilúvio: como elemento de punição (Gn 6–8; Ex 14–15).
- A água do Jordão: conversão (Lc 3,21-22; Mt 3,16-17; Mc 1,8-11).
- A água do lado transpassado de Jesus: Vida eterna (Jo 4,7-14; 6,1; 7,38; 19,33-34).

Contudo, é na oração de bênção do batistério e da fonte batismal que se encontra mais explicitamente a importância simbólica da água e da fonte batismal: "Ó Deus criador do mundo, pai de todos os seres, é nosso dever dar-vos graças por nos concederdes abrir com rito solene, esta fonte de salvação de vossa Igreja. Aqui se oferece um banho que torna puros, de uma candura nova, aqueles que a sordidez antiga do pecado recobrira; aqui a torrente lava os pecados e germina em virtudes novas; jorra uma fonte que emana do lado de Cristo, cujas águas matam a sede de vida eterna. Daqui, o facho da fé expande a luz, que afasta as trevas do coração e revela as coisas celestiais; aqui, os que creem se associam à morte de Cristo para ressurgirem com Ele para uma vida nova.

---

[1] ROCCHETTA, Carlos. **Os sacramentos da fé**. São Paulo: Paulinas, 1991, p. 240.

[2] Op. cit., p. 245.

Enviai, Senhor, sobre esta água, o sopro do vosso espírito; a força divina, pela qual a Virgem gerou o vosso unigênito, fecunde o seio da Igreja, vossa esposa, para que ela, ó Pai, gere para vós inúmeros filhos, e futuros habitantes do céu. Concedei, Senhor, aos que vão nascer desta fonte, cumpram por suas obras, o que com fé prometem, e manifestem em sua vida o que são por vossa graça. Não importa a diversidade de suas origens e condições, pois um só é o banho vital que nos irmana; que o amor, Senhor, revele os irmãos e a concórdia faça conhecer os concidadãos. Sejam filhos que refletem a imagem da bondade paterna, discípulos que guardam fielmente a palavra do Mestre, moradas que ressoam a voz do Espírito Santo. Sejam testemunhas do Evangelho, cultores da justiça; espalhem o espírito de Cristo pela cidade temporal que habitam, até o dia em que mereçam ser admitidos como cidadãos da Jerusalém eterna"[3].

Da oração fica claro que o batismo é um banho e que o batistério contempla uma fonte de onde jorra água. Essa água que jorra é fecunda e a vida é gerada, pois esta nasce do lado aberto de Cristo. Ele se serviu deste elemento natural para comunicar uma realidade mais profunda: a inserção no seu mistério de morte e vida.

Nas frases de Santo Ambrósio e Tertuliano encontra-se o que acontece com o fiel quando imerso nas águas do batismo: Ambrósio indaga: "Por que tu és imerso na água? Está escrito: Produzam as águas os seres vivos (Gn 1,20). E nasceram os seres vivos. Isto aconteceu no início da criação. E como a água foi destinada a produzir a vida natural, ela foi destinada a regenerar-te pela graça". E Tertuliano: "...A água primitiva gerou a vida, não nos surpreenda, portanto, o poder vivificante das águas batismais. As águas primitivas receberam a ordem de gerar os seres vivos [...] para que não nos maravilhemos se no batismo as águas ainda produzem a vida". A oração fala da fecundação; gerados, fecundados pelo Espírito, como Maria. A água é vista não só como elemento purificador, mas como instrumento de regeneração.

Enfim, a água é símbolo, sinal eficaz do mistério de Cristo e da sua graça e vida que Deus comunicou. Não é qualquer água, mas é aquela fecundada pelo Espírito de Deus, fonte e geradora de vida.

---

[3] *Ritual de bênçãos*. 2. ed. São Paulo/Petrópolis: Paulinas/Vozes, 1990, p. 311.

7º Encontro

O amor de Deus

Palavra inicial: O objetivo deste encontro é compreender que Deus nos escolhe e nos chama pelo nome, porque nos ama com um amor incondicional, isto é, Ele nos ama independente daquilo que somos. O amor de Deus é tão grande por nós que chegou a ponto de entregar o seu Filho Jesus para nos salvar. É importante destacar as constantes violências e guerras como consequência da falta do conhecimento de Deus e de seu amor.

Preparando o ambiente: Ambão (Mesa da Palavra) com toalha verde, vela e flores. Na porta de entrada da sala colocar um crucifixo. Para a dinâmica: revistas e jornais, tesoura sem ponta, cola e um papel grande. Preparar aparelho de som. Selecionar uma música com letra que retrate o amor de Deus presente na natureza, que nos conduz para a paz e perdão.

Acolhida: O catequista acolhe os catequizandos dizendo: *"...N..., seja bem-vindo, Jesus te ama!"*

Após a acolhida, ao entrarem na sala, os catequizandos poderão tocar no crucifixo que está na porta de entrada, cantando ou fazendo o sinal da cruz.

Recordação da vida: Trazer presente os fatos e acontecimentos que marcaram a vida da comunidade naquela semana, bem como recordar o encontro anterior, em que vimos que somos escolhidos por Deus que nos chama pelo nome, sem distinção. Logo após, situar os catequizandos no encontro do dia com essas ou outras palavras e concluir com a oração inicial: *Caríssimos* catequizandos, *hoje vamos refletir sobre o amor de Deus; veremos que Ele nos ama e nos acolhe. Se estamos aqui é porque queremos sentir esse amor. Mas o amor de Deus se reflete também no amor ao próximo, pois um não existe separado do outro. Deus nos amou a ponto de entregar seu Filho para nos salvar.*

NA MESA DA PALAVRA

Oração inicial: O catequista motiva a oração inicial, onde poderá invocar o Espírito Santo com um canto ou com a oração: "Vinde, Espírito Santo..."

Em seguida convida a todos a aclamar o santo Evangelho com um canto de aclamação.

Leitura do texto bíblico: Jo 3,16-21.

O catequista lê o texto indicado e, em seguida, lê-o novamente, desta vez pausadamente, com destaque em alguns pontos do texto:

> *"Deus amou tanto o mundo que entregou seu Filho único, para todo aquele que nele crer não morra, mas tenha a vida eterna [...] a luz veio ao mundo e as pessoas amaram mais a escuridão do que a luz, porque suas obras eram más..."*

Após a leitura todos voltam para a Mesa da Partilha.

NA MESA DA PARTILHA

Contar a história "Ajudar o próximo" com destaque em atitudes e gestos que manifestam o amor ao próximo.

Ajudar o próximo

Depois de passarem uns dias na casa de Maria, a mãe de Jesus, e de Ele voltar de uma de suas missões, Ele saiu novamente para pregar o amor de Deus na companhia de seus 12 apóstolos. As crianças quiseram ir junto. Maria Madalena, uma discípula de Jesus, que o seguia desde que mudou de vida, prometeu a Maria que cuidaria de Fernando, Amanda e Pedrinho.

No caminho, eles pararam para descansar e comer. Maria tinha preparado pães para a viagem. Enquanto estavam ali, debaixo de árvores, passou uma família com três filhos. E eles pareciam famintos, porque não deixavam de olhar para eles comendo. Foi quando Amanda pegou o pedaço do pão de Fer e Pedrinho, e o seu, correu e entregou aos três filhos do casal. Fer e Pedrinho ficaram bravos quando ela fez isso, mas depois entenderam o porquê e ficaram felizes.

O casal agradeceu a atitude de Amanda. Jesus, vendo isso, convidou a família para se assentarem com eles e comerem. O burrinho que carregava os filhos do casal também parecia estar cansado, com fome e sede. Pedrinho perguntou se podia levar o burrinho até a lagoa ali próxima para beber água. O casal disse que sim, mas Jesus pediu para o Apóstolo João acompanhá-lo.

O pano da cabeça da mãe dos três filhos estava bem rasgado. Maria Madalena, vendo o estado do pano, tirou um novo de sua bolsa e deu a ela, que ficou toda contente. O Apóstolo André, percebeu que o senhor caminhava descalço, e deu a ele um par de sandálias.

Amanda e Fernando ficaram brincando com as crianças até João e Pedrinho voltarem da lagoa, quando partiram todos dali. A família agradeceu a atitude e o carinho de todos, e Jesus elogiou a atitude de Amanda, que primeiro percebeu a necessidade e que primeiro os amou.

– Você mostrou o que realmente é o amor, Amanda. Parabéns! Sua atitude desencadeou, em seguida, várias atitudes de amor pelo próximo. É pra isso que vim a esse mundo, para dizer a vocês que amem aquele que está do seu lado, da mesma forma que vocês se amam.

Jesus deu um forte abraço nas crianças e eles seguiram cantando.

O catequista poderá recordar o texto bíblico com os catequizandos, bem como chamar a atenção para a história, dizendo que a maior prova do amor de Deus pela humanidade foi enviar seu Filho para nos salvar, mesmo não sendo nós merecedores.

Poderá propor a dinâmica para que os catequizandos percebam o amor de Deus nas pequenas coisas do nosso dia a dia.

Dinâmica: Recortar figuras de revista e/ou jornais e tentar encontrar os sinais do amor de Deus em cada fato do dia a dia. Ajudar os catequizandos a identificarem aquilo que é amor a Deus e ao próximo e o que é mal e nos afasta dele. Quando amamos o próximo não temos atitudes más. O mundo está cheio de violência porque as pessoas não conhecem Jesus, não o amam. Para finalizar a dinâmica todos reúnem as imagens recortadas e colam no papel grande. Depois o catequista os convida a observar as figuras, enquanto escutam uma canção (escolhida previamente) em cuja letra expresse que o amor de Deus está presente na natureza, paz, a renovar corações, a não excluir ninguém, se concretiza no perdão.

Conclusão: Como posso, agora, manifestar de forma concreta o amor a Cristo? Amar meu colega de escola, não brigar, não desrespeitar o papai e a mamãe, não mentir. Deixar que os catequizandos falem qual a melhor forma de amar a Deus.

Como gesto concreto, pedir que ao chegarem em suas casas deem um forte abraço em todos os que moram com elas (pais, irmãos, avós) e dizer-lhes que Jesus as ama e elas também.

Oração final: No final, o catequista os convida a ficarem de pé em volta da Mesa da Palavra e a rezar o *Pai-nosso*, concluindo com a seguinte oração:

> *Ó Deus de bondade, acompanhai estes vossos filhos e filhas para que permaneçam no seu amor, que seus corações sejam preservados de toda malícia e pecado, pois isso vos desagrada. Tudo isso vos pedimos por Cristo, que vive e reina para sempre. Amém!*

Na despedida, o catequista impõe as mãos sobre a cabeça de cada catequizando e traça o sinal da cruz em sua fronte, dizendo: "*...N... vá em paz e testemunhe o amor de Deus!*"

Lembrete

Propomos que os encontros de catequese tenham um período de recesso nas próximas semanas. O tempo irá se alterar de acordo com o Calendário Litúrgico. Para programar-se pegue o calendário do ano em decurso e veja o dia em que será celebrado a Quarta-feira de Cinzas. Na semana que antecede a Quarta-feira de Cinzas propõe-se que seja realizado o 8° Encontro. O período entre o 7° e o 8° encontros, será o período de recesso da catequese.

8º Encontro

A fragilidade humana

(Encontro a ser realizado na semana que antecede a QUARTA-FEIRA DE CINZAS)

Palavra inicial: O objetivo deste encontro é fazer que os catequizando aprendam o sentido da Quaresma e se preparem para viver esse tempo de reflexão e conversão, mostrando que somos frágeis e sujeitos a erros.

Preparando o ambiente:

Sugestão nº 1: Ornamentar a sala com dois vasos grandes: em um, coloca-se um galho verde, com palavras simbolizando o amor; no outro, um galho seco, com palavras simbolizando o pecado.

Sugestão nº 2: Decorar a sala da seguinte forma:

De um lado: colar sobre papel ou tecido claro palavras que simbolizem o amor, como, por exemplo: união, paz, respeito, solidariedade, verdade.

Do outro lado: colar palavras sobre papel ou tecido escuro, simbolizando o desamor, como, por exemplo: ódio, mentiras, brigas, falsidade, rancor, inveja.

Acolhida: O catequista acolherá os catequizandos na porta com a saudação: *"A paz de Cristo ...N... seja bem-vindo!"*

Recordação da vida: pedir para que os catequizandos recordem fatos ou acontecimentos que marcaram a semana. O catequista poderá pedir também para que os catequizandos socializem a atividade realizada no *Diário Catequético e Espiritual*.

NA MESA DA PALAVRA

Oração inicial: Invocar o Espírito Santo com a oração ou com um canto. Logo após, aclamar e proclamar o Evangelho.

Leitura do texto bíblico: Lc 15,11-32.

O catequista lê o texto indicado e, em seguida, lê-o novamente, desta vez pausadamente, com destaque em alguns pontos do texto:

> *"[...] O filho mais jovem disse ao Pai: 'Pai, dá-me a parte da herança que me cabe' [...] partiu para uma terra distante. Lá dissipou os seus bens numa vida desregrada. [...] Pai, pequei contra Deus e contra ti [...] o pai o viu e ficou comovido. Correu-lhe ao encontro e o abraçou, cobrindo-o de beijos..."*

NA MESA DA PARTILHA

O catequista convida todos a voltarem para a Mesa da Partilha, onde pedirá para que contem, com as próprias palavras, o texto bíblico que acabaram de ouvir. Após, provocará uma breve partilha, explorando o tema com perguntas e comentários, lembrando sempre de deixar os catequizandos fazerem os comentários por primeiro.

Questionar: Quais as atitudes que aparecem no texto bíblico que são sinais de pecado?

Para explorar o tema propõe-se:

- Comentar que a figura do pai, que espera a volta do filho que partiu, é semelhante à figura de Deus, e o filho pródigo, somos nós quando contamos mentiras, desrespeitamos os nossos pais, não valorizamos o que temos, quando brigamos e tantas outras situações que nos levam a pecar. O Pai do céu está sempre à nossa espera, porque nos ama mesmo que sejamos ingratos e pecadores.
- Questionar: Mas o que é mesmo o pecado?
- Explicar que pecado é não aceitar viver como filhos de Deus, como fez o filho pródigo com o seu pai. É querer viver distantes do seu Amor.
- Conversar com os catequizandos sobre o que pode acontecer conosco, quando procuramos viver distantes de Deus? (lembrar a atitude do filho da parábola e as consequência das mesmas).

O catequista pode, após este primeiro momento de reflexão, complementá-lo ao convidar os catequizandos a voltarem-se para o lado da parede que está o papel ou tecido escuro ou ainda do vaso com as palavras que representam as situações de pecado e confirmar quais são os frutos do pecado. Fazer um breve comentário, convidando a todos para fazer um ato penitencial, pedindo perdão por atitudes, pensamentos e palavras que identificam como pecados em suas vidas.

Explicar sobre a celebração de Quarta-feira de Cinzas e o simbolismo das cinzas, sua importância e significado. Deverá ser bem-explicado o sentido, para que todos entendam como um marco para iniciar um tempo de rever as atitudes e se preparar para a Páscoa.

Na sequência convidar os catequizandos a voltarem-se para o lado da parede em que está o papel ou tecido de cor clara ou ainda do vaso verde, com as palavras que simbolizam o amor, e recordar os frutos do bem. Neste momento, poderão ser motivados a fazer um ato de agradecimento e propósitos de mudança de atitudes a partir daquele momento (conforme a linguagem e realidade dos catequizandos).

Conclusão: Como gesto concreto, pedir para que todos participem da celebração da Quarta-feira de Cinzas.

Oração final: No final convidar a todos a ficarem de pé ao redor da Mesa da Palavra e a rezar o Pai-nosso. Conclui com a oração:

> *Pai misericordioso, que conhecestes o coração de cada um de nós, que nessa Quaresma, possamos nos preparar bem para viver dignamente a sua Páscoa. Por Cristo, Nosso Senhor. Amém.*

Logo após, impõe as mãos sobre a cabeça de cada catequizando e traça-lhes o sinal da cruz em sua fronte, dizendo: *"...N..., acredite no Evangelho, vai em paz, que o Senhor te acompanhe!"*

Lembrete

> *Na próxima semana não haverá encontros de catequese. Os catequizandos deverão ser incentivados* **a participar da missa de Quarta-feira de Cinzas**.

MATERIAL DE APOIO

As cinzas o que significam?

O uso litúrgico das cinzas como abertura do tempo quaresmal tem sua origem no Antigo Testamento. As cinzas simbolizam dor, morte e penitência. No Livro de Ester, por exemplo, Mardoqueu se veste de saco e se cobre de cinzas quando soube do decreto do Rei da Pérsia que condenou à morte todos os judeus de seu império (Est 4,1). Jó mostrou seu arrependimento vestindo-se de saco e cobrindo-se de cinzas (Jó 42,6). Daniel ao profetizar a captura de Jerusalém pela Babilônia escreveu: "*Volvi-me para o Senhor Deus a fim de dirigir-lhe uma oração de súplica, jejuando e me impondo o cilício e a cinza*" (Dn 9,3). Estes exemplos retirados do Antigo Testamento demonstram a prática estabelecida de se utilizar cinzas como símbolo de arrependimento, de estarem dispostos a mudança.

Muitas outras passagens são citadas. O próprio Jesus fez referência ao uso das cinzas, quando fala a respeito daqueles povos que se recusavam a se arrepender de seus pecados, apesar de terem visto os milagres e escutado a Boa-Nova: "*Ai de ti, Corozaim! Ai de ti, Betsaida! Porque se tivessem sido feitos em Tiro e em Sidônia os milagres que foram feitos em vosso meio, há muito tempo elas se teriam arrependido sob o cilício e as cinzas*" (Mt 11,21).

A Igreja, desde os primeiros tempos, continuou a prática do uso das cinzas com o mesmo simbolismo. Em seu livro *De Poenitentia* , Tertuliano (160-220 DC), prescreveu que um penitente deveria "viver sem alegria vestido com um tecido de saco rude e coberto de cinzas". O famoso historiador dos primeiros anos da Igreja, Eusébio (260-340 DC), relata em seu livro *A história da Igreja*, como um apóstata de nome Natalis se apresentou vestido de saco e coberto de cinzas diante do Papa Ceferino, para suplicar-lhe perdão. Sabe-se que num determinado momento existiu uma prática que consistia no sacerdote impor as cinzas em todos aqueles que deviam fazer penitência pública. As cinzas eram colocadas quando o penitente saía do confessionário.

Com o passar do tempo o uso das cinzas foi adotado como sinal do início do Tempo da Quaresma, período de preparação de quarenta dias para a grande celebração da Páscoa da Ressurreição do Senhor.

As cinzas que hoje utilizamos na celebração da Quarta-feira de Cinzas são de ramos de palmeiras distribuídos e abençoados no ano anterior, na celebração do Domingo de Ramos, que após secarem foram guardados e posteriormente queimados, transformando-os em cinzas.

Na celebração que abre a Quaresma, logo após os fiéis ouvirem o Evangelho e a homilia, o padre abençoa as cinzas e as impõe na fronte de cada fiel traçando com essas o sinal da cruz dizendo: "Recorda-te que és pó e em pó te converterás" ou então "Convertei-vos e crede no Evangelho".

Na Quarta-feira de Cinzas este rito é um convite para nos preparar para o começo da Quaresma compreendendo que este é um tempo oportuno para examinarmos nossa mente e coração, nossas ações atuais e passadas e lamentarmo-nos profundamente por nossos pecados. Só assim poderemos voltar nossos corações genuinamente para Nosso Senhor, que sofreu, morreu e ressuscitou pela nossa salvação, e assim celebrar com mais dignidade a grande festa da PÁSCOA. Além do mais, esse tempo nos serve para renovar nossas promessas batismais, quando morremos para a vida passada e começamos uma nova vida em Cristo, conscientes que as coisas desse mundo são passageiras, procurando viver de agora em diante com a firme esperança no futuro em busca do Reino do Céu.

Muitas comunidades sem padre assumiram esse rito significativo como abertura da Quaresma anual, realizando-o numa celebração da Palavra.

9º Encontro

Tempo de reflexão

(Encontro a ser realizado na semana após o 1º DOMINGO DA QUARESMA)

Palavra inicial: Prezados catequistas, o objetivo deste encontro é fazer uma comparação entre as tentações de Jesus e nossas próprias tentações que se apresentam sob as mais diversas formas, conforme nossa história de vida, nossas condições, temperamento e nossa própria missão. Algumas delas nascem dentro de nós, outras nascem com nossas próprias escolhas, outras são provocadas fora de nós pelo próprio ambiente. Estas tentações nascem por causa da raiz de nossos pecados que consiste em trocar Deus pelos ídolos do mundo, os falsos deuses que se apresentam na aparência de caminhos sedutores.

Preparando o ambiente: Ambão (Mesa da Palavra) com toalha roxa, vela. A Bíblia, na Mesa da Palavra, podendo ser revestido de um pedaço de pano (plástico, ou TNT) roxo. A imagem de Jesus crucificado (pode ser uma cruz ou um crucifixo). Também poderá colocar em destaque ao lado da cruz (caso ela pare de pé, ou mesmo em cima de uma mesa), pregos, coroa de espinhos, que pode ser preparada com a planta chamada coroa de Cristo ou similar. Esta poderá ficar durante todo o período da Quaresma na sala de encontros. Um cartaz com uma frase que contemple o lema da Campanha da Fraternidade do ano ou o próprio cartaz da campanha.

Acolhida: O catequista acolhe os catequizandos com a frase: "...N..., seja bem-vindo ao tempo quaresmal". Quando todos já estiverem na sala, o catequista os saúda, desejando-lhes boas-vindas. Logo em seguida, criando um clima de oração, pode combinar com os catequizandos a saudação inicial, como por exemplo:

Todos: *Nós estamos aqui em Nome do Pai, e do Filho, e do Espírito Santo! Amém!*

Catequista: *"A graça e a paz da parte de Deus nosso Pai, a comunhão de Jesus nosso irmão e a força do Espírito Santo estejam com todos".*

Catequizandos: *"Bendito seja Deus que nos reuniu no amor de Cristo".*

Recordação da vida: O catequista ao redor da Mesa da Palavra ou na Mesa da Partilha, os convida a fazer um breve momento de recordação da vida sobre os fatos da semana, contemplando também com os dados do *Diário.*

Logo após, com uma breve monição, lhes diz o por que estão ali com essas ou outras palavras semelhantes: *Queridos catequizandos, a partir de agora nós vamos conhecer o caminho que Jesus escolheu por causa de nós, somente por amor a nós. Um caminho de dor, de entrega, que se tornou, para nós, salvação. Por meio dele se cumpriria a missão que Jesus havia dito antes: "Por isso o Pai me ama, porque dou a vida, para recuperá-la depois. Ninguém a tira de mim. Eu a dou voluntariamente"* (Jo 10,17-18).

NA MESA DA PALAVRA

Oração inicial: O catequista inicia a oração e pede para que os catequizandos repitam com ele:

> *"Senhor Jesus, Vós que sofreste por causa de nós, ajude-nos a preparar o nosso coração para que, quando vierem os sofrimentos da vida, saibamos aproveitar e oferecer ao Pai como processo de conversão e possamos vivê-los com sabedoria. Amém.*

Antes de proclamar a leitura, com um canto de aclamação, lembrando que durante o período da Quaresma não se canta "aleluia".

Leitura do texto bíblico: Lc 4,1-13.

O catequista lê o texto indicado e, em seguida, lê-o novamente, desta vez pausadamente, com destaque em alguns pontos do texto:

> *"[...]Não é só de pão que vive o ser humano. [...] 'Adorarás ao Senhor teu Deus e só a Ele servirás' [...] 'Não tentarás o Senhor teu Deus'..."*

Após a leitura todos voltam para a Mesa da Partilha.

NA MESA DA PARTILHA

Após a leitura, fazer a reconstrução do texto com as seguintes perguntas. Para onde foi Jesus? Quem o conduziu? Por quanto tempo jejuou?

Com os dedoches ou com um cartaz confeccionado pelo próprio catequista, contar a história "Continuar seguindo Jesus". Durante e depois da narração, focar que, assim como Jesus, nós também temos várias tentações, e, diferentemente dele, procuramos sempre o que é mais fácil.

Continuar seguindo Jesus

Jesus, os apóstolos, Fernando, Pedrinho e Amanda estavam nas margens do Rio Jordão. Jesus tinha acabado de falar sobre as coisas de Deus. Ele falara principalmente sobre o amor de Deus que deve refletir em nós, através do mais sublime sentimento que manifestamos à pessoa que está ao nosso lado.

Nossos amiguinhos tinham feito amizades com um grupo de crianças e adolescentes. Passaram a confiar neles e acabaram contando como vieram chegar até ali. Os maiores tiraram sarro, dizendo que eram malucos. Um deles, um menino de 12 anos, disse que, se fosse verdade, era para eles provarem.

– E como a gente ia provar? – perguntou Fer.

– Vão lá e falam pra Jesus vir falar pra gente que é verdade, que vocês são do futuro.

– Derrrr... A gente não fala sobre isso com Ele! – exclamou Amanda.

– Porque é mentira, então! – disse outro menino.

– Se vocês são tão abençoados, porque dizem ser chamados por Deus pra uma missão, joguem-se no rio, pra que Jesus venha salvar vocês, ou até mesmo um dos seus anjos. Ele não vai querer que seus protegidos corram perigos.

– Ah, vocês são é muito malucos mesmo! Se fosse eu, jamais ia aceitar ficar aqui. Eu ia pedir pra voltar pra casa. Não ia conseguir ficar longe dos meus pais e nem dos meus amigos – disse uma menina.

– Eu bem que queria voltar mesmo! – disse Amanda.

– Ah, deixem de ser bobos, falem pra Jesus que vocês querem voltar pro futuro, que vocês não vão dar conta dessa missão. Vocês disseram que nem sabem que dom vocês têm!

– É! Vamos lá falar com Jesus, Pedrinho?

– Claro que não, Fer! Vamos decepcionar Jesus? Vocês se lembram de como Jesus foi tentado pelo diabo?

– Aham! – responderam Fernando e Amanda.

– Então, e o que Ele fez? Desistiu da missão que Deus confiou a Ele?

– Não!

– Então, nós também não vamos desistir! Confiamos ou não no amor de Deus? Vamos ficar escolhendo só aquilo que é fácil?

– É que eu tenho medo de falhar, Pedrinho! – disse Amanda.

– Eu também! Acho que outras crianças, com mais dons que a gente, podiam ter vindo pra cá, no nosso lugar!

– Mas gente, nós que fomos os escolhidos. E por mais que a gente fique tentado em fazer só as coisas que parecem ser mais legais como ficar em casa vendo TV, jogando videogame, ou no computador, vamos dedicar um tempo pra seguir e ajudar outras crianças a conhecerem Ele. A gente pode fazer isso ser muito legal também! Só assim vamos ter um mundo melhor, sem violência, drogas, injustiças...

– É! Você tem razão, Pedrinho! Desculpa!

– É! Me desculpa também!

– Ah! Vocês são mais doidos que eu imaginei. Vamos sair de perto deles, pessoal! – disse um dos garotos saindo dali. Os outros também saíram e nossos amigos voltaram para perto de Maria Madalena, que os acolheu com um beijo.

– Estão cansados? Querem voltar pra casa? – perguntou ela.

– Cansados? Um pouco. Mas ainda não é a hora de voltar. Precisamos continuar seguindo Jesus! – disse Pedrinho.

Após a história, e recordando o Evangelho proclamado, refletir com os catequizandos que constantemente somos tentados a escolher o que é mais fácil e o que dá mais prazer. Porém essas escolhas podem ser ilusórias, pois pode nos satisfazer momentaneamente. Deixar de estudar para brincar, por exemplo, pode ser legal, mas depois o não ter estudado pode trazer consequências desagradáveis para nós e familiares. O catequista poderá usar de alguns símbolos para melhor explicitar as tentações que Jesus teve, e das quais também o homem é tentado. Poderá, também, explorar os SÍMBOLOS – pedra, pão, corrente esclarecendo.

- A pedra e o pão lembram a tentação que provocou Jesus a usar o seu poder e fazer milagres, tornando fácil a solução de todos os problemas.
- A corrente representa o aprisionamento que o pecado provoca em nós quando somos vencidos pela tentação.
- O deserto é o lugar de encontro com Deus e o lugar de tentação. Os evangelhos querem sugerir que Jesus faz novamente a peregrinação de seu povo através do deserto. Ali Ele sofre as tentações: tentação do pão, tentação do prestígio, tentação do poder. Foram as três tentações do povo no deserto, depois da saída do Egito. Tentação é tudo aquilo que pode afastar alguém do caminho de Deus.

Conclusão: Como gesto concreto, pedir aos catequizandos que enumerem durante a semana no *Diário Catequético e Espiritual*, quais são as maiores tentações de nossos tempos.

Oração final: No final convidar os catequizandos a ficarem de pé em volta da mesa com o crucificado, a olhar para ele e rezar a oração do Pai-nosso. Logo depois, concluir com a oração:

Jesus, nosso Salvador, Tu nos ensinastes que é possível vencer as tentações que nos afastam de ti. Dai-nos coragem para que, iluminados pela tua palavra, sejamos fortes contra o mal e perseverantes na prática do bem. Por Cristo Nosso Senhor. Amém.

No final da oração, o catequista traça o sinal da cruz na fronte de cada catequizando, dizendo:

"...N..., revesti-vos do Espírito de Deus, vá em Paz, que o Senhor te acompanhe!"

10º Encontro

O que Jesus pregou

(Encontro a ser realizado na semana após o 2º DOMINGO DA QUARESMA)

Palavra inicial: Neste encontro, procuraremos valorizar especialmente o gesto do perdão, motivando o catequizando a ter uma consciência crítica diante da forma de como vê o "outro", mesmo diante de seus erros e limitações.

Preparando o ambiente: Ambão (Mesa da Palavra) com toalha roxa, vela e Bíblia. Lembrar que no período da Quaresma não utilizaremos flores, pois é tempo de despojamento, de reflexão, penitência.

Acolhida: O catequista acolhe os catequizandos, saudando-os carinhosamente e dizendo: *"...N..., seja bem-vindo(a) ao nosso encontro de amor!"*

Recordação da vida: Em um primeiro momento, pode-se fazer uma breve avaliação sobre como foi a semana e o que fizeram. O catequista poderá pedir também, para que os catequizandos socializem a atividade realizada no *Diário Catequético e Espiritual.*

Após esse momento, fazer uma sensibilização e preparar os catequizandos para o que será refletido no encontro com as seguintes questões e outras que considerar adequadas:

- Como é que vocês foram acolhidos quando chegaram? (deixar os catequizandos responderem)
- Existe alguém que independente do que somos ou fazemos, acolhe-nos sempre com amor, carinho e perdão, sem nos condenar...? Vocês fazem ideia de quem seja essa pessoa? É sobre ela que falaremos hoje.

NA MESA DA PALAVRA

Oração inicial: O catequista motiva o momento de oração, onde poderá ser rezado o Pai-nosso, enfatizando depois a frase: "Perdoai as nossas ofensas assim como nós perdoamos a quem nos tem ofendido".

Em seguida canta aclamando o Evangelho e o proclama.

Leitura do texto bíblico: Jo 8,1-11.

O catequista lê o texto indicado e, em seguida, lê-o novamente, desta vez pausadamente, com destaque em alguns pontos do texto:

"[...] os escribas e os fariseus trouxeram uma mulher apanhada em adultério [...] Na lei, Moisés nos manda apedrejar as adúlteras [...] Aquele de vós que estiver sem pecado, atire-lhe a primeira pedra..."

Após a leitura todos voltam para a Mesa da Partilha.

NA MESA DA PARTILHA

Pedir para que os catequizandos contem com as próprias palavras a passagem bíblica que foi lida. Nesse momento, o catequista verificará se houve um entendimento sobre a leitura. Reconstituir o texto, refletindo sobre os personagens, as atitudes de cada um: pecador, acusador, perdão.

O catequista poderá fazer o seguinte questionamento: Vocês já se depararam com alguém que tivesse cometido algum erro? Qual foi a atitude que assumiram? De amor, respeito e acolhida ou de condenação?

Refletir sobre esses tipos de comportamentos e suas consequências (poderá ilustrar a reflexão com a ideia das três peneiras atribuídas a Sócrates: VERDADE, BONDADE e NECESSIDADE (texto facilmente encontrado na internet). Após a narrativa convidar os catequizandos a pensar como avaliam o que falam das pessoas ou sobre as coisas, propondo alguns questionamentos de modo gradativo, para que possam refletir sobre as suas atitudes, perguntando por exemplo:

- Certificam se o que estão dizendo é verdadeiro?
- Avaliam se mesmo sendo verdade vale a pena "espalhar"?
- Agem com bondade evitando ser mais um a difamar, acusar pessoas?
- É realmente preciso, necessário multiplicar a informação que tenho?
- Em que o fato de eu contar ajudará as pessoas e a mim mesmo?

Motivar os catequizandos a partilharem o que entenderam e os sentimentos despertados a partir da compreensão do texto, propiciada pelos questionamentos. Ressaltar que a postura de Jesus é sempre de amor, bondade, acolhida e perdão, não de condenação.

Conclusão: Procurar no decorrer da semana não julgar as pessoas, ter um "olhar" de acolhimento e amizade para com todos, principalmente em relação aos que são discriminados.

Oração final: Pedir para que os catequizandos façam orações espontâneas.

No final, o catequista os convida a pedir a Deus o dom da sabedoria e discernimento para não julgarem os outros, tendo sempre o exemplo de Jesus como referência em suas atitudes. O catequista conclui com a oração:

Deus Pai, que conheces o íntimo de nossos corações, fazei com que, a exemplo do teu Filho Jesus, tenhamos um coração acolhedor e sem preconceitos. Por Cristo, Nosso Senhor. Amém.

No final da oração o catequista impõe as mãos sobre a cabeça de cada catequizando e traça-lhes o sinal da cruz em sua fronte dizendo:

"...N... vá em paz, que o Senhor te acompanhe! Amém".

MATERIAL DE APOIO

CIC (*Catecismo da Igreja Católica*) – Capítulo V: "Perdoai-nos as nossas ofensas assim como nós perdoamos a quem nos têm ofendido".

11º Encontro

Jesus não foi aceito por muitos

(Encontro a ser realizado na semana após o 3º DOMINGO DA QUARESMA)

Palavra inicial: Neste encontro procuraremos evidenciar que devemos ser fiéis a Deus, mesmo quando a sociedade nos impõe outros valores, tendo consciência que o nosso comportamento cristão poderá incomodar algumas pessoas, mas que nossa atitude não deverá ser alterada por isso. Devemos ter uma consciência crítica e sermos fiéis aos nossos princípios, embasados na Palavra.

Preparando o ambiente: Ambão (Mesa da Palavra) com toalha roxa, vela e vaso com galhos secos do lado do ambão e somente com um ramo verde no meio. Para a dinâmica: tiras de tecido para vendar os olhos.

Acolhida: O catequista acolhe os catequizandos, saudando-os carinhosamente. Poderá ter uma música instrumental de fundo para criar um clima de oração.

Recordação da vida: Ao redor da Mesa da Palavra, realizar um momento de avaliação sobre como foi a semana, o que fizeram. O catequista poderá pedir também para que os catequizando socializem a atividade realizada no *Diário Catequético e Espiritual.*

NA MESA DA PALAVRA

Oração inicial: Motivar um momento de oração, onde poderá invocar o Espírito Santo com um canto ou oração.

Leitura do texto bíblico: At 10,34-40a.

O catequista lê o texto indicado e em seguida lê novamente, desta vez pausadamente, com destaque em alguns pontos do texto:

> *"[...] Deus não faz distinção entre pessoas. Ao contrário, quem o teme e pratica a justiça [...] Ele andou fazendo o bem e curando a todos [...] Eles o mataram [...] Mas Deus o ressuscitou no terceiro dia".*

Após a leitura, todos dirigem-se para a Mesa da Partilha.

Na Mesa da Partilha: Pedir aos catequizandos que contem a passagem bíblica (reconstruir o texto). Nesse momento, o catequista verificará se houve um entendimento sobre a leitura. Logo após contar a história "Maria vai-com-os-outros", enfatizando que não devemos fazer as coisas somente para imitar os outros, ser igual aos outros, mas devemos ter identidade própria, cujo modelo é Jesus. Devemos ser diferentes daqueles que só querem o mal para o próximo.

Maria-vai-com-os-outros

Nossos amiguinhos, Pedrinho, Amanda e Fernando continuavam a seguir o mestre Jesus. Certo dia, Fernando chegou aos amigos e disse apontando com o dedo:

– Amanda! Pedrinho! Estão convidando a gente pra ir brincar lá na praia!

– Mas, Fer, a gente tá indo embora desse lugar. Olhe só, os discípulos já tão arrumando tudo...

– É, Fer, devemos continuar seguindo Jesus! – disse Pedrinho.

– Ahhhh... Vamos lá brincar gente! Só a gente que fica seguindo Jesus. Eles ficaram tirando "sarro" da gente. Que somos uns bobos! Que nada do que Jesus fala é verdade!

– Não acredito que você vai ser maria-vai-com-os-outros! – disse Amanda.

– Fer... Essas crianças não conhecem Jesus ainda! Elas só vão passar a acreditar nas coisas que Jesus disse, depois que Ele morrer e ressuscitar. Esqueceu que a gente sabe que tudo é verdade? Somos do futuro, lembra? – perguntou Pedrinho.

– Ahhh... Mas, então, a gente tá sendo maria-vai-com-os-outros do mesmo jeito, porque tamos seguindo Jesus junto com esse povo todo!

– Não, Fer... Eu não sou assim... Eu sigo Jesus porque eu conheci Ele. E porque acredito no que Ele diz! Se você segue só por seguir, é melhor não seguir mais...

– Esses meninos só gostam de tirar sarro dos outros, Fer... Vivem machucando os bichinhos! Falando palavrão! São eles que você quer seguir? Eu não quero! Não quero ser igual a eles! – disse Amanda.

– Se você quer ir, vai Fer! Eu e a Amanda vamos continuar seguindo Jesus, junto dessas pessoas que querem conhecer mais o amor de Deus que Jesus veio nos falar.

– Eu não quero ser igual a eles... Vocês estão certos. Me desculpem! Eles não são bons exemplos para se seguir... – respondeu Fernando, cabisbaixo e com vergonha.

– Agora, seja um garoto legal e educado, e diz que resolveu seguir Jesus, que não vai com eles...

– E convida eles pra ir com a gente, Fer! – disse Pedrinho.

– Quem sabe alguém decide mudar de comportamento.

E foi o que Fernando fez. Mas as outras crianças não quiseram seguir Jesus. Riram dele, que já não sentia vergonha por seguir Jesus, pois sabia que Ele é o melhor caminho para ser feliz.

Para ajudar a explorar o comportamento do cristão poderá realizar a dinâmica do guia e do cego.

Dinâmica: Vendar os olhos de um catequizando e escolher um outro que o conduzirá pela sala de encontro para que não bata em algum lugar. Depois realizar a inversão de papéis: Quem foi cego seria o guia e vice versa. Comentar com os catequizandos o que acharam: Como foi ser cego, como foi ser guia...

Essa dinâmica poderá ser desenvolvida formando duplas/trios envolvendo todos os catequizandos, ou apenas com uma dupla e os demais como observadores.

- Conversar sobre o fato de que, em alguns momentos, as pessoas poderão querer nos levar para algum caminho, como por exemplo: faltar aula, experimentar drogas, mentir, zombar de alguém, desobedecer os pais... Isto acontece, especialmente no momento em que estamos mais frágeis, desorientados, chateados com alguém ou por alguma coisa. Nesses momentos nos tornamos cegos (desorientados) e são nesses momentos que acabaremos até aceitando andar por caminhos perigosos, não recomendáveis.
- Explorar que a Palavra de Deus nos ilumina e fiéis a ela conseguimos ser perseverantes, não nos deixando conduzir por qualquer caminho que não seja o caminho do bem, do respeito por nós, pelas pessoas que amamos e respeitamos, mesmo quando estamos chateados com elas.

Conclusão: Procurar durante a semana sermos "Luz" para nossos irmãos, não nos deixando conduzir por "qualquer caminho, sem questionamento".

- Verificar se os programas que assistimos na televisão têm mostrado algo que não concordamos para socializar no próximo encontro.
- Fazer o exercício de consciência crítica, questionando se aquilo que vemos e ouvimos está de acordo com o que Jesus pregou sobre fazer o bem, praticar a justiça, não discriminar as pessoas, ser temente a sua Palavra e ensinamentos.

Oração final: Ao redor da Mesa da Palavra poderá ser rezada ou cantada a "Oração de São Francisco de Assis", que pede a Deus para ser instrumento de paz na vida do seu próximo. Chamar atenção para o vaso com os galhos secos e para o ramo verde: diante de um mundo de violência, somos chamados a ser esse ramo verde, a ser a diferença, a esperança para um mundo melhor. O catequista conclui com a oração:

Deus Pai de bondade, conceda-nos a graça de saber diferenciar o que é bom ou ruim e que nunca nos envergonhemos de viver de acordo com os seus mandamentos. Por Nosso Senhor Jesus Cristo, vosso Filho, na unidade do Espírito Santo. Amém.

No final da oração o catequista impõe as mãos sobre a cabeça de cada catequizando e traça-lhes o sinal da cruz em sua fronte, dizendo:

"...N... vai em paz, que o Senhor te acompanhe!"

MATERIAL DE APOIO

Oração de São Francisco de Assis

Senhor, fazei-me instrumento de vossa paz.
Onde houver ódio, que eu leve o amor,
Onde houver ofensa , que eu leve o perdão,
Onde houver discórdia, que eu leve a união,
Onde houver dúvida, que eu leve a fé,
Onde houver erro, que eu leve a verdade,
Onde houver desespero, que eu leve a esperança,
Onde houver tristeza, que eu leve a alegria,
Onde houver trevas, que eu leve a luz.
Ó Mestre, fazei que eu procure mais
consolar que ser consolado,
compreender que ser compreendido,
amar, que ser amado.
Pois é dando que se recebe
é perdoando que se é perdoado
e é morrendo que se nasce para a vida eterna...

12º Encontro — Celebração Penitencial (Ritual da Penitência)

(Celebração a ser realizada na semana após o 4º DOMINGO DA QUARESMA)

Palavra inicial: Esta celebração tem como objetivo inserir os catequizandos e suas famílias no seio da comunidade, mostrando-lhes que o distanciar-se de Deus gera pecado e consequentemente uma ruptura na amizade com Deus.

Preparando o ambiente: No centro ou em lugar de destaque, uma bacia grande com água e toalha branca, ao lado uma cruz com um tecido roxo. Vestes litúrgicas para os que forem exercer alguma função (presidente, leitores, salmista...)

Distribuindo funções: É importante organizar a celebração dividindo algumas funções com antecedência:

- Presidente: de preferência o próprio catequista;
- Pessoas para acolhida;
- Pessoas para recitarem o ato penitencial;
- Cantores (deverão escolher e ensaiar os cantos com antecedência);
- Animador (comentarista).

Monição inicial

Animador: *Prezados catequizandos, pais e toda a comunidade presente, humildemente hoje nos apresentamos diante de Deus para reconhecermos nossas faltas e restabelecermos a nossa amizade com Ele. Com o coração sincero e arrependido iniciemos nossa celebração cantando.*

Canto inicial.

Presidente: *Queridos catequizandos: pelo batismo nos tornamos filhos e filhas de Deus.*

Ele nos ama como um pai, e deseja que o amemos de todo o coração.
Mas deseja também que sejamos bons uns com os outros, para que todos juntos vivamos felizes.
Entretanto, nem sempre as pessoas agem de acordo com a vontade de Deus.
Elas dizem: "Não obedeço! Eu faço o que quero!" Não obedecem a Deus nem querem ouvir a sua voz.
Também nós fazemos assim muitas vezes. Isto é o que chamamos pecado, pelo qual nos afastamos de Deus; e, se for um pecado grave, nos separamos completamente dele.
E que faz Deus, quando alguém se afasta dele? O que faz, quando abandonamos o caminho certo, e corremos o risco de perder a verdadeira vida? Será que se afasta de nós, ofendido?
Ouçamos o que Nosso Senhor nos diz:

Evangelho: Lc 15,1-7.

Homilia: A homilia deve ser breve, pondo em relevo o amor de Deus por nós, como base para o exame de consciência.

Exame de consciência: O exame de consciência deve ser adaptado ao grau de compreensão dos catequizandos, mediante breves indicações do presidente, e completado por um oportuno momento de silêncio. Poderá ser feito com base no esquema proposto na sequência ou outra proposta pelo Ritual da penitência (p. 242).

I. O Senhor disse: "Amarás o Senhor teu Deus de todo o coração"

1. Está meu coração voltado para Deus, a ponto de amá-lo verdadeiramente sobre todas as coisas, como um filho a seu pai, cumprindo fielmente o que aprendo em minha catequese? Tenho me preocupado mais com jogos, passeios e menos em participar da catequese, da missa? Tenho pureza de intenção em minhas atitudes?

2. Tenho verdadeira fé em Deus, que nos falou por intermédio de seu Filho? Tenho ade-

rido com firmeza os ensinamentos de Jesus e da Igreja? Tenho me preocupado em adquiri-los , ouvindo a Palavra de Deus através dos textos bíblicos, participando da catequese, evitando o que atenta contra a fé? Tenho professado sempre com coragem a fé em Deus e na Igreja? Tenho me portado como cristão no meu dia a dia, sendo verdadeira testemunha de Cristo?

3. Tenho feito as orações da manhã e da noite? A minha oração é um verdadeiro diálogo com Deus ou apenas um ritual externo? Tenho oferecido a Deus minhas atividades, alegrias e sofrimentos? Tenho recorrido a Ele nas tentações?

4. Tenho demostrado reverência e amor pelo nome de Deus, ou tenho ofendido a Deus com palavrões, mentiras, nervosismo, falta de paciência, brigas ou falta de respeito? Tenho desrespeitado a Virgem Maria e/ou os Santos?

5. Tenho honrado o dia do Senhor e os dias santificados, participando da santa missa nos domingos e dia de festa, de maneira ativa, piedosa e atenta?

6. Tenho talvez dado mais importância ao dinheiro e as coisas materiais, não confiando na providência de Deus?

Ato penitencial: Após um momento de silêncio, as seguintes orações litânicas podem ser recitadas por aquele que esta presidindo, ou por um ou mais catequizandos, alternando com as frases. Aconselha-se uma breve pausa antes das respostas, que podem ser cantadas.

1. Muitas vezes não nos comportamos como filhos e filhas de Deus.

R. *Mas Deus nos ama e nos procura.*

2. Aborrecemos nossos pais e mestres.

R. *Mas Deus nos ama e nos procura.*

3. Brigamos e falamos mal de nossos companheiros.

R. *Mas Deus nos ama e nos procura.*

4. Fomos preguiçosos em casa (na escola) e não ajudamos nossos pais (irmãos e colegas).

R. *Mas Deus nos ama e nos procura.*

5. Fomos distraídos e mentirosos.

R. *Mas Deus nos ama e nos procura.*

6. Não fizemos o bem quando podíamos.

R. *Mas Deus nos ama e nos procura.*

Presidente: *Nosso Deus e Pai nos procura todas as vezes em que nos afastamos do caminho certo, e está sempre pronto a dar-nos o seu perdão. Por isso, Deus todo-poderoso tenha misericórdia de nós, perdoe nossos pecados e nos conduza à vida eterna. Amém.*

Gesto simbólico: O presidente convida todos a se aproximarem em pequenos grupos e molharem suas mãos na bacia com água, recordando o banho purificador do batismo, enquanto canta-se.

Canto para o gesto simbólico.

Presidente: *Agora, em união com Jesus, nosso irmão, vamos falar com nosso Pai do céu e pedir que nos perdoe. Pai nosso...*

Ação de graças: O presidente convida a assembleia à ação de graças, que pode ser feita com um canto de louvor.

Canto de Louvor

(Em seguida despede a todos)

Presidente: *Na certeza de termos nos reconciliados com Deus, vamos em paz e que o Senhor nos acompanhe. Bendigamos ao Senhor.*

Todos: *Graças a Deus.*

13º Encontro

A vitória da cruz

(Encontro a ser realizado na semana após o 5º DOMINGO DA QUARESMA)

Palavra inicial: Prezado catequista, nesse encontro iremos meditar sobre o significado da "Semana Santa", uma reflexão de como é vivenciado e celebrado esse momento tão importante para nós cristãos.

Preparando o ambiente: Ambão (Mesa da Palavra) com toalha roxa, Bíblia, velas e uma cruz ou crucifixo. Cópia com a oração do Creio para todos os catequizandos. Aparelho de som e música instrumental.

Acolhida: Música instrumental de fundo que possa levá-los a um momento de reflexão. O catequista saúda os catequizandos, dizendo: *"... N... Cristo venceu a morte!"*

Recordação da vida: Questionar aos catequizandos sobre o encontro anterior, relembrando o que foi vivenciado durante a semana que passou.

NA MESA DA PALAVRA

Oração inicial: O catequista apresenta a oração do Creio. Ele reza e os catequizandos o acompanham.

Após rezarem juntos, enfatizar a parte da oração que diz: "...creio em Deus Pai, todo-poderoso, criador do céu e da terra e em Jesus Cristo, seu único filho, nosso Senhor, que foi concebido pelo poder do Espírito Santo, nasceu da Virgem Maria, padeceu sob Pôncio Pilatos, foi crucificado, morto e sepultado; desceu a mansão dos mortos, ressuscitou ao terceiro dia, subiu aos céus, está sentado à direita de Deus Pai, todo-poderoso, donde há de vir a julgar os vivos e os mortos...".

O catequista explica que na Semana Santa é o momento em que fazemos memória justamente desta passagem da oração. Jesus é crucificado, morto e sepultado, mas ressuscita ao terceiro dia e sobe aos céus.

Leitura do texto bíblico: At 10,34a.37-43.

O catequista lê o texto indicado e em seguida lê novamente, desta vez pausadamente, com destaque em alguns pontos do texto:

"[...] Vós sabeis o que aconteceu em toda a Judeia [...] Eles o mataram, pregando-o numa cruz. Mas Deus o ressuscitou ao terceiro dia..."

Após a leitura todos voltam para a Mesa da Partilha.

NA MESA DA PARTILHA

Indagar junto aos catequizando se eles já conheciam essa passagem bíblica. Depois o catequista conta a história "Jesus é nosso Salvador", com o objetivo de explicar aos catequizandos que a cruz era sinal de vergonha, tornou-se sinal de salvação. O que é humilhação, para os homens, é salvação para Deus.

Jesus é nosso Salvador

Nossos amiguinhos, Pedrinho, Fernando e Amanda, que eram do futuro, e haviam ido parar no tempo de Jesus porque atravessaram uma grande Bíblia, estavam dormindo na casa de um discípulo que os acolhiam em sua casa, assim como a Maria, a mãe de Jesus, e Maria Madalena. João chegou desesperado, dizendo que guardas romanos haviam prendido Jesus.

Eles se encontravam em Jerusalém, a cidade mais importante na época de Jesus. Assim que souberam do acontecido, o discípulo que se chamava Estêvão, Maria e Maria Madalena saíram às pressas para ter notícias. As três crianças ficaram em casa na companhia da esposa de Estêvão, e só pela manhã conseguiram ir ao encontro de Maria e Madalena. As duas choravam muito e eles souberam que Jesus havia sido condenado por falar às pessoas que Ele era o Filho de Deus, o Rei dos Judeus. E o que eles não entendiam era que o mesmo povo que seguia Jesus, agora gritava "crucifica-o! Ele tem que morrer! Ele é um impostor!"

Pedro, o líder dos apóstolos, havia dito por três vezes que não conhecia Jesus quando pessoas o reconheceram como sendo um do grupo dos doze. Quando souberam disso, pelo próprio Pedro, as crianças não entenderam se ele tinha dito isso por vergonha ou por medo de também ser preso.

– Será que o Pedro, depois de tanto tempo junto de Jesus, teve vergonha dele? Será que por isso ele disse que não conhecia Jesus?

– Pode ser, Amanda! – disse Pedrinho.

– Mas, e agora, Jesus vai ser crucificado mesmo? – perguntou Fernando.

– É, Fer! Essa história a gente já conhece. É preciso que Jesus morra pra que a gente receba o perdão de todos os nossos pecados.

– Nossa! Mas vai ser tão difícil olhar pra Jesus pregado na cruz e ver que isso tudo é o sinal de salvação sem sentir pena dele... Já tô até com vontade de chorar só de pensar! – disse Amanda.

E tudo aconteceu como eles já sabiam. Jesus foi coroado com uma coroa de espinhos e depois teve de andar pelas ruas de Jerusalém carregando uma pesada cruz. Jesus carregava o peso dos pecados de todas as pessoas e fazia aquilo por amor. Maria, a mãe de Jesus, pediu para que as crianças não fossem até o local onde Ele seria crucificado e elas obedeceram. Mas, de longe, viram o madeiro ser suspenso com o corpo de Jesus crucificado. E do local onde estavam elas rezaram por Maria e todas as pessoas que sofriam com aquele momento, e ao mesmo tempo, agradeciam a Jesus por tão grande amor.

– Sabe o que eu lembrei?

– O que, Amanda? – perguntou Fernando.

– Me lembrei do refrão de uma música que cantavam na procissão da Via-Sacra que eu fui com a minha vó.

– E como que é a música, Amanda? – quis saber Pedrinho.

– Prova de amor maior não há... Que doar a vida pelo irmão!

Pedrinho e Fernando também lembraram e repetiram o refrão cantando.

Por volta das três horas da tarde, o céu escureceu. De onde estavam viram quando Jesus olhou para o céu, falou com o Pai, e morreu. Nesse momento, eles não se aguentaram e choraram abraçados.

No fim da tarde, participaram do sepultamento de Jesus e depois voltaram para a casa de Estêvão de mãos dadas com Maria e Maria Madalena. E por mais tristes que estavam, eles também se alegraram, pois sabiam que Jesus tinha morrido por amor, e que o que tinha acontecido era um sinal de salvação.

Verificar se já ouviram a palavra "Quaresma". O catequista deve instigar os catequizandos a falarem o que sabem a respeito. Questionar se, nesse período, eles fazem ou conhecem alguém que faz algum rito diferente (jejum, cobrir imagem de santo, não comer carne). Se sim, por que será que as pessoas o fazem? Explorar as informações sobre a Quaresma como período de preparação para a Páscoa. Depois, questionar: E na Semana Santa? Tem algum costume? (não comer carne, reunir a família para bacalhoada, participar de procissão). Verificar qual o sentido desses rituais e explicar seu real significado para que a Semana Santa seja vivenciada com entendimento e não somente como tradição.

Conclusão: Comentar que Jesus se sacrificou várias vezes por nós. Nos amou tanto que aceitou o sacrifício maior: Doou sua própria vida para que todos o que nele creem possam ter a vida eterna.

Questionar: E nós? Quais sacrifícios temos feito por Ele? Já nos sacrificamos por alguém?

Como proposta para essa semana: Verificar junto as pessoas do nosso convívio, como podemos ajudá-las, mesmo que isso custe algum sacrifício. Exemplos: Abrir mão de alguns momentos de lazer para ajudar nos serviços de casa, visitar alguém enfermo ou, ainda, deixar de comprar alguma coisa que você goste e comprar em donativos para os pobres.

Levar para casa, cópia da oração do Creio e pedir para alguém de sua família rezar junto durante a semana antes de dormir. A oração poderá ser copiada ou colada no *Diário Catequético e Espiritual do Catequizando.*

Oração final: Ao redor da Mesa da Palavra, o catequista orienta os catequizandos a fecharem os olhos e lembrarem de alguém que esteja precisando de ajuda. Ao visualizarem essa imagem, cada catequizando fará uma oração a Deus pedindo por essa pessoa. A oração não precisa ser compartilhada.

O catequista conclui com a oração:

Senhor, Deus Pai criador, fazei que saibamos vivenciar os teus mistérios neste tempo oportuno, onde fazemos memória de sua morte de cruz. Que sua cruz não seja escândalo para nós, mas sinal de salvação. Por Cristo Nosso Senhor. Amém.

No final da oração o catequista impõe as mãos sobre a cabeça de cada catequizando e traça-lhes o sinal da cruz em sua fronte dizendo:

"...N..., testemunhai a cruz de Cristo, vai em paz, que o Senhor te acompanhe! Amém."

Lembrete

Na próxima semana (Semana Santa) não haverá encontros de catequese. Os catequizandos deverão ser incentivados a participar das celebrações da Semana Santa. O catequista poderá distribuir a programação da Semana Santa da paróquia ou de sua comunidade.

MATERIAL DE APOIO:

Ler o artigo: "Viver a Semana Santa", de autoria do Pe. Carlos Gustavo Haas no livro *Liturgia em mutirão II*. Brasília: Edições CNBB. Ficha 33.

14º Encontro

Cristo está vivo!

(Encontro a ser realizado na SEMANA DA OITAVA DA PÁSCOA)

Palavra inicial: Prezado catequista, nesse encontro procurar vivenciar a alegria da ressurreição de Jesus (sua vitória sobre o pecado), tendo a confiança de que o Cristo ressuscitado está no meio de nós.

Preparando o ambiente: Ambão (Mesa da Palavra) com toalha branca, Bíblia, velas, imagem de Jesus Cristo ressuscitado, muitas flores, cartolina e canetas para escrever a história e pano branco (para a encenação da leitura bíblica).

Acolhida: O catequista acolhe os catequizandos com essas palavras: *"...N... alegrai-vos, Cristo está vivo!"*

Enquanto os catequizandos chegam para o encontro, poderá deixar tocando ou até mesmo cantar uma música alegre, festiva, comemorando a Páscoa do Senhor.

Recordação da vida: Ao redor da Mesa da Palavra ou na Mesa da Partilha, fazer um momento de avaliação sobre como foi a Semana Santa, se todos participaram, o que mais chamou a atenção, o que fizeram. O catequista poderá pedir também para que os catequizandos socializem a atividade realizada no *Diário Catequético e Espiritual*.

NA MESA DA PALAVRA

Oração inicial: Após o momento de partilha, o catequista invoca o Espírito Santo com a oração "Vinde Espírito Santo, enchei..." ou com um canto. Logo após, aclamando o Evangelho, dirige-se até o ambão (Mesa da Palavra) e proclama a leitura.

Em seguida convida a todos a aclamar o santo Evangelho com um canto.

Leitura do texto bíblico: Mc 16,1-7.

O catequista lê o texto indicado e em seguida lê novamente, desta vez pausadamente, com destaque em alguns pontos do texto:

> *"...De manhã cedo, no primeiro dia depois do sábado [...] Ele ressuscitou [...] Mas ide dizer aos discípulos..."*

Após a leitura todos voltam para a Mesa da Partilha.

NA MESA DA PARTILHA

Pedir aos catequizandos que contem a passagem bíblica realizando a reconstrução do texto: Quem eram os personagens? O que diziam? O que elas viram? Quem estava vestido de branco? O texto poderá ser dramatizado entre os catequizandos.

- O catequista poderá levar os catequizandos a se lembrarem de todo o sofrimento, tristeza que antecedeu o momento de alegria (ressurreição).
- Fazer uma comparação com os dias atuais: Hoje também passamos por dificuldades diversas, porém, se tivermos a fé necessária e ânimo para lutar nos períodos de adversidade, também obteremos a vitória.

Pode-se conversar com os catequizandos sobre possíveis dificuldades que crianças da mesma idade que elas passam (fome, falta de calçado, abandono, entre outras coisas), mas que Jesus está sempre presente ao lado de cada uma delas, as protegendo e abençoando. Questioná-los ainda: E vocês, passam ou já passaram, ou conhecem alguém que teve algum momento difícil na sua vida? E como essas pessoas reagem ou reagiram?

Nesse momento também poderá ser levado em consideração os problemas que pensamos ter, e que muitas pessoas gostariam de estar no nosso lugar. Pode-se realizar algumas comparações para melhor ajudar no entendimento, destacando, por exemplo, que as vezes ficamos chateados por que não temos aquele sapato bonito, mas existem muitas pessoas que não têm sapatos, ou ainda, porque não temos uma bicicleta nova, mas existem muitas crianças que não têm nenhum brinquedo.

Sugestão de dinâmica (história): A sugestão é que os próprios catequizandos construam, nesse encontro, a história com os três personagens a partir da conversa e questionamento que foi feito: sobre possíveis dificuldades que crianças da mesma idade passam, ou que eles mesmos já passaram, explorando suas reações e sentimentos.

O catequista poderá propor a construção coletiva, onde poderá ir escrevendo em uma cartolina a história, conforme os catequizandos forem falando.

Segue o começo e o fim da história, e os catequizandos, junto com o catequista, desenvolvem o que ocorre entre o seu início e o final.

Depois que souberam que Jesus havia ressuscitado, Pedrinho, Amanda e Fernando ganharam algumas moedas dos discípulos, que se alegraram muito, para que comprassem alguns doces nas barracas que ficavam em frente ao Templo. Mas, no caminho, algumas coisas aconteceram. Elas encontraram crianças descalças que pediam esmolas...

(segue com os catequizandos)

...E quando voltaram para a casa onde se encontravam os discípulos sem os doces, todos quiseram saber o porquê de regressarem sem eles. E todos, por fim, concordaram que o que fizeram era o que tinha de ser feito, e que Jesus teria feito o mesmo.

Conclusão: Orientar os catequizandos para, durante a semana, verificar em casa se têm roupas, brinquedos que não usam mais para serem doados para crianças carentes. Será uma oportunidade para levar alegria e vivenciar o amor diante de uma realidade triste que algumas crianças podem estar vivendo.

Oração final: Ao redor da Mesa da Palavra, pedir aos catequizandos para fazerem orações espontâneas, lembrando alguém que esteja passando por uma dificuldade, na esperança de que essas pessoas se mantenham firmes na fé.

Logo após rezar a oração do Pai-nosso e concluir com a oração:

Deus nosso Pai, fazei que nesse tempo pascal vivamos intensamente as alegrias da ressurreição do seu Filho, e que sejamos verdadeiras testemunhas aos nossos irmãos. Por Cristo Nosso Senhor. Amém.

No final da oração o catequista impõe as mãos sobre a cabeça de cada catequizando e traça-lhes o sinal da cruz em sua fronte, dizendo:

"...N..., na alegria da Páscoa, vai em paz, que o Senhor te acompanhe!"

15º Encontro

Acreditar sem ver: a fé

(Encontro a ser realizado na semana após o 2º DOMINGO DA PÁSCOA)

Palavra inicial: Neste encontro, iremos identificar a incredulidade de algumas pessoas em Jesus ressuscitado, por nunca o terem visto. Queremos levar à reflexão dos catequizandos que a verdadeira fé é acreditar "incondicionalmente" e que parte de nossa comunidade só acredita naquilo que vê, que lhe é palpável e que possa dar algum retorno, de preferência imediata.

Preparando o ambiente: Ambão (Mesa da Palavra) com toalha branca, Bíblia, vela e flores.

Acolhida: O catequista acolhe os catequizandos dizendo: *"...N..., feliz daquele que acredita sem ter visto!"*

Recordação da vida: Revisar com os catequizandos o encontro anterior, fazendo uma "roda de conversa" sobre como foi a semana. O catequista poderá pedir também para que os catequizandos socializem a atividade realizada no *Diário Catequético e Espiritual*.

NA MESA DA PALAVRA

Oração inicial: O catequista motiva os catequizandos para o momento de oração, onde ao final poderão rezar de mãos dadas a oração do Pai-nosso. Essa oração poderá ser cantada.

Em seguida convida a todos a aclamarem o Evangelho com um canto e depois o proclama.

Leitura do texto bíblico: Jo 20,26-31.

O catequista lê o texto indicado e em seguida lê novamente, desta vez pausadamente, com destaque em alguns pontos do texto:

> *"[...] os discípulos estavam outra vez no mesmo lugar, e Tomé com eles. [...] Porque me viste, acreditaste? Felizes os que não viram e creram".*

Após a leitura todos voltam para a Mesa da Partilha.

NA MESA DA PARTILHA

O catequista pede para os catequizandos contarem com suas palavras a passagem bíblica. O catequista depois reforça o entendimento do texto bíblico com a história "Tomé e sua fé".

Tomé e sua fé

Pedrinho, Amanda e Fernando estavam junto dos apóstolos quando chegou Tomé, um deles, que ainda não estava sabendo que Jesus havia ressuscitado. E disseram a ele que Jesus havia estado ali com eles.

– Eu duvido que Jesus esteve aqui! – dizia Tomé.

– É verdade Tomé, a gente também viu! – disse Amanda segurando a sua mão.

– Ah, que nada! Vocês, crianças, vivem imaginando coisas. Vai ver que vocês inventaram essa história e os outros acabaram caindo nessa. Se eu não vir Jesus com meus próprios olhos e não tocar os ferimentos dele, eu não acredito!

Oito dias se passaram sem que Tomé acreditasse na aparição de Jesus. Até que Ele apareceu e o fez tocar em suas feridas. As crianças acreditavam que Jesus havia ressuscitado, desde antes de voltarem no tempo. Pedrinho, Amanda e Fernando acreditavam que Jesus havia morrido e ressuscitado porque tiveram fé, ou seja, acreditaram no que leram na Bíblia e no que o padre dizia na missa e no que os mais velhos também falavam. Eles não tinham visto, mas acreditavam que era verdade, e tinham fé nisso.

O catequista poderá ajudar os catequizandos a compreender o tema:

- **Comentando:** Tomé não acreditou no que seus amigos diziam sobre a ressurreição de Jesus. Somente depois que Jesus lhe apareceu e ele pôde colocar sua mão no corpo de Jesus é que reconheceu que Ele estava vivo.
- **Questionando:** E nós? Quais as provas que temos sobre a vida e ressurreição de Jesus, sendo que nunca o vimos. Nós não vimos Jesus, mas conhecemos os fatos de sua vida e ressurreição por meio daqueles que acreditaram em Jesus e o seguiram nos contaram. Isto é o que chamamos de fé: crer sem ter visto. E ao crer nele o seguimos, colocando em prática seus ensinamentos e mandamentos.
- **Propondo a Dinâmica:** Há uma experiência simples que podemos fazer sobre a existência de algo que não vimos. O catequista pede para os catequizandos ficarem em pé, fecharem os olhos e realizarem os seguintes gestos: Inspirar, encher o pulmão de ar (nariz), expirar, soltar o ar pela boca. Quando fazemos esses dois movimentos nosso pulmão recebe e expele o ar. Podemos sentir esse ar penetrando pelas nossas narinas, enchendo nosso pulmão e sua saída pela boca. Temos plena convicção da existência e importância do ar (sem ele não sobrevivemos), porém ninguém o vê, mas sente.

Podemos comparar essa experiência... com o fato de que nunca vimos Jesus, porém acreditamos que Ele existe e podemos sentir sua presença no nosso coração, na nossa mente, nossa alma, nos animando.

Infelizmente algumas pessoas ainda não creem em Jesus e isso pode ocorrer porque nunca lhes foi apresentado esse Jesus bom e generoso que reina e vive em nossas vidas.

Conclusão: O compromisso será de contar essa passagem bíblica a alguém e a testemunhar que Jesus está vivo e presente em nosso meio.

Oração final: Ao redor da Mesa da Palavra, todos juntos poderão cantar a música do início do encontro: "Jesus está aqui". E depois concluir com rezando a Ave-Maria e finalizar com a oração:

Senhor, nosso Deus, diante de um mundo muitas vezes descrente, te pedimos ó Pai, que haja mais fé no coração de todas as pessoas e que possam acolher Jesus, como Nosso Senhor e Mestre, Caminho, Verdade e Vida, único caminho para alcançar o vosso Reino. Por Cristo Nosso Senhor. Amém.

No final da oração o catequista impõe as mãos sobre a cabeça de cada catequizando e traça-lhes o sinal da cruz em sua fronte, dizendo:

"...N..., Cristo está vivo, vai em Paz, que Ele te acompanhe! Amém".

16º Encontro

Um caminho

(Encontro a ser realizado na semana após o 3º DOMINGO DA PÁSCOA)

Palavra inicial: Neste encontro procuraremos reconhecer os sinais da presença de Jesus em nosso meio, ajudando os catequizandos a enxergar no próximo um possível mensageiro de Deus.

Preparando o ambiente: Ambão (Mesa da Palavra) com toalha branca, velas, flores e Bíblia. Cesto com pães para serem partilhados com os catequizandos.

Acolhida: O catequista acolhe os catequizandos, saudando-os carinhosamente dizendo: *"...N..., Cristo está contigo, seja bem-vindo!"*

Recordação da vida: No Ambão (Mesa da Palavra) ou na Mesa da Partilha, fazer um momento de avaliação sobre como foi a semana, o que fizeram, como reagiram os pais sobre o que falaram do encontro anterior... O catequista poderá pedir também para que os catequizandos socializem a atividade realizada no *Diário Catequético e Espiritual*.

NA MESA DA PALAVRA

Oração inicial: Motivar o momento de oração, onde poderá rezar ou cantar um canto, invocando o Espírito Santo.

Em seguida canta aclamando o Evangelho e o proclama.

Leitura do texto bíblico: Lc 24,13-35.

O catequista lê o texto indicado e em seguida lê novamente, desta vez pausadamente, com destaque em alguns pontos do texto:

> *"Nesse mesmo dia, dois dos discípulos estavam a caminho de um povoado, chamado Emaús [...]. Seus olhos, porém, estavam como que vendados [...] foi explicando tudo que a ele se referia em todas as Escrituras [...] tomou o pão, rezou a bênção, partiu-o e lhes deu [...] o reconheceram [...]. Não nos ardia o coração quando pelo caminho nos falava..."*

Após a leitura, todos voltam para a Mesa da Partilha.

Na Mesa da Partilha: Reconstruir o texto. Quem eram os personagens? Para onde iam? Quem apareceu? O que fez Jesus diante do desânimo dos personagens? Quando o reconheceram? O que fizeram depois que reconheceram Jesus? Deixar que os catequizandos falem e em seguida contar a história "Os pequenos cristos".

Os pequenos cristos

Nossos amigos Pedrinho, Amanda e Fernando caminhavam por um bosque. Os três iam encontrar Maria, a mãe de Jesus, que voltava da casa de sua prima Isabel. Ela e o esposo Zacarias tinham buscado a mãe de Jesus para passar uns dias com eles depois que souberam que Ele tinha morrido e ressuscitado.

– Tô com fome! – falou Fer, passando a mão na barriga.

– Vamos nos assentar aqui e comer esses bolinhos que a Ester fez pra gente entregar a Maria.

– Mas a gente não pode comer tudo, Pedrinho, a Maria deve tá com fome...

– Eu sei, Amanda! – e Pedrinho desenrolou o pano e contou os bolinhos.

Havia naquela trouxinha sete bolinhos. Fernando disse que cada um comesse apenas um e que os outros quatro ficassem para Maria. E assim fizeram. Levantaram e seguiram o caminho pelo bosque. Depois que atravessaram o bosque, eles chegaram à estrada onde Maria devia chegar. Ela seguia uma comitiva de viajantes. Sentaram sobre uma pedra e ficaram conversando sobre Jesus.

Depois de um tempo, passou por ali um senhor de idade, muito magro, apoiando-se num pedaço de galho. Ele perguntou se tinham um pouco de água para lhe dar, pois estava caminhando há muito tempo. Pedrinho deu um pouco da água que traziam. O senhor agradeceu e foi saindo, quando Amanda teve a ideia de dar um bolinho a ele. Os meninos concordaram e deram. Três bolinhos ainda davam para Maria comer até chegar a casa sem morrer de fome.

Fernando reclamava que suas sandálias estavam começando a rasgar. E aí passou uma viúva com sua filha. A criança chorava bastante. Deram água e um bolinho para a menina. A mãe agradeceu e disse que estava indo para a casa de uma irmã também viúva e que a menina sentia a falta do pai e chorava também porque sua sandália tinha arrebentado.

Amanda tirou as suas sandálias e deu à menina. Agradeceram e seguiram em frente. Começou a chuviscar bem fininho. Uma senhora de idade passava com seu filho. Eles não tinham um manto. Pedrinho e Fernando deram os seus para que eles cobrissem a cabeça. Amanda deu um bolinho à senhora. Eles agradeceram e seguiram em frente.

Logo depois, a comitiva que Maria vinha chegou. Deram um forte abraço na mãe de Jesus.

– Obrigada por virem me esperar! Vocês têm um pouquinho de água aí?

E, para surpresa deles, a água tinha acabado. Explicaram que deram um pouco às pessoas que passaram por ali, e que também tinham dado um bolinho a elas. E que de sete, sobrou apenas um. Maria, então, pegou o bolinho, agradeceu e disse:

– Gostaria que vocês entreguem esse bolinho àquele menino montado no burrinho. Os pais dele me disseram, durante a viagem, que caminham há quase uma semana. Os guardas romanos levaram tudo o que eles tinham e, pra piorar, o menino está doentinho. Quem sabe vocês dando o bolinho ele se alegra um pouquinho?

E assim eles fizeram. O menino deu um sorriso em agradecimento e ainda brincou com eles enquanto a comitiva descansava para seguir. Depois, eles e Maria voltaram para Jerusalém, onde se encontrariam os apóstolos.

– Desculpa, Maria, por comer os bolinhos e ter dado às pessoas... É que a gente tava com muita fome! E eles também! E você deve tá com muita sede, né? – falou Amanda.

– Estou com sede sim, minha flor! Mas não se preocupem. Estamos quase chegando. As pessoas que vocês ajudaram precisavam mais que eu. E vocês fizeram tudo certinho. Fizeram aquilo que o Cristo faria. Pois agora, não chamarei mais vocês, meus filhinhos, de pequenos discípulos de Jesus, mas de pequenos cristos! Deus permita que todos possam ser como vocês, seguir os ensinamentos de meu filho Jesus e se tornarem outros cristos.

Os três ficaram contentes com as palavras de Maria. Tempos depois, lá na Grécia, os seguidores que acolhiam os ensinamentos de Jesus Cristo passaram a ser chamados de cristãos, pois seguiam o Cristo, e procuravam viver como Ele viveu. E você, é um pequeno Cristo também?

O catequista poderá propor uma dinâmica de observação aos catequizandos:

Dinâmica: Aprendendo a observar o outro.

Dividir a turma em dois grupos. Cada grupo deverá ocupar ambientes diferentes (cada qual um ambiente). Deverão trocar entre seus membros alguns objetos: calçados, brinco, pulseira, cinto etc. Após essa troca, os grupos se encontrarão e deverão adivinhar quais foram as trocas efetuadas entre os membros.

Refletir: Temos observado o outro, prestado atenção nele? Quando o fazemos é para julgá-lo e criticá-lo?

Levar a refletir que nem sempre prestamos atenção aos conselhos e ao que nos falam as pessoas que estão próximas a nós. Esclarecer que as vezes estamos próximos, mas não juntos. Ou seja, muitas vezes deixamos de ouvir nossos pais, irmãos, avós, professores.

Questionar: Estamos atentos que essas pessoas que nos ensinam e aconselham podem ser mensageiros de Deus, de uma "Boa-Nova"? Ou não temos prestado atenção aos seus ensinamentos e conselhos?

Comentar que vimos no texto bíblico que Jesus toma a iniciativa e vai ao encontro dos discípulos, escuta suas angústias e, com sua Palavra e atitude, devolve a esperança e a alegria a eles. Com os gestos de amor e solidariedade, nossos amigos na história, tomam a iniciativa e vão ao encontro daqueles que mais necessitam, e com eles partilham o pouco que tem, sendo sinal de Deus na vida deles.

Convidá-los a pensar em quantas pessoas se aproximam de nós, estão ao nosso lado por amor, e não percebemos?

Conclusão: Procurar, no decorrer da semana, estar mais atentos ao que as pessoas nos dizem, procurando ver no nosso próximo um possível mensageiro da Palavra de Deus. Após a oração final, distribuir os pães da cesta entre os catequizandos, frisando que os discípulos reconheceram Jesus pela sua atitude, e que as pessoas nos reconhecem como cristãos também pelas nossas atitudes, pelo nosso testemunho. Que saibamos partilhar e ver no próximo a face de Cristo.

Oração final: Nesse momento, ao redor da Mesa da Palavra, o catequista faz a oração, onde os catequizandos respondem: *"Que assim seja!"*

- Que tenhamos o espírito aberto a reconhecer a sua Palavra. R.
- Que Deus possa nos dar a força necessária para seguir seus conselhos. R.

O catequista deverá incentivar os catequizandos a fazerem orações espontâneas. Logo após rezar o Pai-nosso e concluir com a oração:

> *Deus Pai de bondade que conheces a cada um de nos, fazei com que sempre o reconheçamos no rosto daqueles que mais sofrem. Por Nosso Senhor Jesus Cristo, que vive e reina para sempre. Amém.*

No final da oração o catequista impõe as mãos sobre a cabeça de cada catequizando e traça-lhes o sinal da cruz em sua fronte, dizendo:

> *"...N..., vai em paz, que o Senhor te acompanhe!"*

17º Encontro

O alimento da Palavra

(Encontro a ser realizado na semana após o 4º DOMINGO DA PÁSCOA)

Palavra inicial: Queremos frisar neste encontro, que a Bíblia é a Palavra de Deus e que nela encontramos o alimento necessário para nossa vida de cristãos.

Preparando o ambiente: Mesa da Palavra com toalha branca, Bíblia, vela, jarra transparente com água simbolizando que a Palavra de Deus sacia nossa sede, e uma planta com belas folhagens, símbolo da vida. Copos descartáveis para todos os catequizandos. Preparar cartazes com as frases sugeridas ou outras à escolha:

"Tu és fonte de vida" (Sl 36,9).

"Tua palavra é lâmpada para os meus pés" (Sl 119,105).

"Tua palavra é luz para o meu caminho" (Sl 119,105).

"Quem tem sede, venha a mim e beba" (Jo 7,37b).

"Do seu interior jorrará rios de água viva" (Jo 7,38b).

Acolhida: Do lado de fora da sala de encontro, o catequista pode recepcionar os catequizandos dando-lhes boas-vindas e lhes entregando um copinho de plástico descartável vazio, pedindo para que eles segurem-no até o momento da dinâmica.

Recordação da vida: Quando todos estiverem ao redor da Mesa da Palavra ou na Mesa da Partilha, o catequista recorda o encontro passado e incentiva os catequizandos a partilharem o que aconteceu durante a semana e se perceberam, no próximo, gestos de carinho e amor.

NA MESA DA PALAVRA

Oração inicial: O catequista inicia a oração e pede para que os catequizandos repitam com ele:

Pai bondoso, nosso Deus, tua Palavra é uma luz no caminho da vida. Que saibamos acolher e amar os ensinamentos da Bíblia para sermos felizes. Que estejamos com os ouvidos bem atentos para escutar tua voz que nos fala por este livro santo. Amém.

Em seguida pode-se invocar o Espírito Santo com um canto ou com a oração: *"Vinde, Espírito Santo..."*. E convida a todos a aclamar o santo Evangelho com um canto de aclamação antes de sua leitura.

Leitura do texto bíblico: Jo 7,37-39.

O catequista lê o texto indicado e em seguida lê novamente, desta vez pausadamente, com destaque em alguns pontos do texto:

"[...] Se alguém tiver sede venha a mim e beba. [...] Do seu interior correrão rios de água viva..."

NA MESA DA PARTILHA

Após a leitura reconstituir o texto com as seguintes perguntas:

- O que a Bíblia é para nós?

- Qual a sede que Jesus diz que vai saciar?
- Como podemos saciar a sede de nossos irmãos?

Historinha: Neste encontro, a sugestão é que o catequista releia e relembrem com os catequizandos a primeira historinha, onde os personagens têm contato com a Bíblia. Motive-os a relembrar também como os três personagens foram parar na época de Jesus. Antes de ler, o catequista pode pedir aos catequizandos que fechem os olhos e induzi-los a imaginar-se sendo o Pedrinho, a Amanda ou o Fernando enquanto a história é contada.

Depois de relembrar a história refletir, com os catequizandos, comentando: Deus se revela, mostra-se para as pessoas com o objetivo de que o conheçamos e possamos experimentar o seu amor. A revelação de Deus se dá em Jesus, e é importante para que o ser humano possa conhecer seu amor, sua fidelidade, e ter um caminho para a salvação. E nós, uma vez saciados pela Palavra, queremos ser fontes de vida. É como se fôssemos um rio, e de nosso interior (do coração – simbolismo da vida) jorrasse rios, emanasse água vivificadora e transborde em nossos irmãos.

As palavras dos profetas ecoaram até o cumprimento da promessa. No Antigo Testamento, os profetas eram fontes de vida – do seu interior jorravam rios de água viva (da palavra e da vontade do Pai). No Novo Testamento, Jesus é a própria Palavra, a própria revelação do Pai para a humanidade. Agora nós somos chamados a sermos rios de água viva na vida de cada pessoa que Deus confia em nosso caminho, em nossa vida de cristãos. E só poderemos ser fontes de vida se primeiramente bebermos na própria fonte que é a Palavra de Deus.

Depois do comentário chamar atenção para o jarro com a água e a planta – Água e planta bem verde com várias folhagens para simbolizar a vida. Fazer uma comparação entre a planta e nossa vida, e mostrar que, assim como a planta é regada pela água para sobreviver, nossa vida deve ser regada pela Palavra de Deus, para que possamos crescer e dar bons frutos.

Conclusão: Pedir para que os catequizandos olhem dentro do copo vazio que receberam no início do encontro e refletir dizendo que nossa vida de cristão sem a Palavra de Deus é como esse copo vazio, onde sem a água ele "perde" a sua utilidade. E estando cheios, podemos ser como o copo que leva a água até aqueles que estão sedentos. Que sejamos copos cheios da Palavra de Deus, para saciar aqueles que estão vazios de Deus.

O catequista poderá propor aos catequizandos que durante a semana convide seus pais ou responsáveis para juntos lerem e meditarem o texto do Evangelista João (Jo 7,37-39) e depois escrever o que refletiram no *Diário Catequético e Espiritual.*

Oração final: No final o catequista os convida a ficar de pé em volta da Mesa da Palavra para a oração final e a encerra com a oração:

Pai amado, Pai querido, obrigado porque tua Palavra foi revelada a nós pela pessoa de Jesus seu filho e nosso irmão. Agora te pedimos, ajude-nos a saciar a nossa sede de ti, e sermos fontes de vida para nossos irmãos, através do testemunho e da vivência e partilha de tua Palavra. Amém.

O catequista impõe as mãos sobre a cabeça de cada catequizando e traça-lhes o sinal da cruz em sua fronte, dizendo:

"...N..., enchei-vos da Palavra de Deus, vai em paz, que o Senhor te acompanhe!"

18º Encontro

Não estamos sozinhos

(Encontro a ser realizado na semana após o 5º DOMINGO DA PÁSCOA)

Palavra inicial: Neste encontro procuraremos sensibilizar os catequizandos da presença fraterna e amiga de Jesus em todos os momentos de nossa vida, além de conscientizar que todos nós temos uma missão, e que, por mais simples e humildes que possamos ser, Jesus conta conosco no seu plano de anúncio e testemunho da Palavra de Deus.

Preparando o ambiente: Ambão (Mesa da Palavra) com toalha branca, Bíblia, círio pascal, flor, vela e imagem de Jesus com os discípulos. Para dinâmica, preparar quatro quebra-cabeças iguais.

Acolhida: O catequista acolhe os catequizandos, saudando-os carinhosamente e dizendo: *"...N... Cristo está contigo!"*

Recordação da vida: Ao redor da Mesa da Palavra ou na Mesa da Partilha fazer um momento de avaliação sobre como foi a semana, o que fizeram. O catequista poderá pedir também para que os catequizandos socializem a atividade realizada no *Diário Catequético e Espiritual*.

NA MESA DA PALAVRA

Oração inicial: Invocar o Espírito Santo com a oração "Vinde, Espírito Santo..." ou com um canto à escolha.

Convidar a todos a aclamarem o Santo Evangelho e proclamá-lo.

Leitura do texto bíblico: Mt 28,16-20.

O catequista lê o texto indicado e em seguida lê novamente, desta vez pausadamente, com destaque em alguns pontos do texto:

> *"[...] Logo que o viram prostraram-se [...]. Ide, pois, fazei discípulos meus todos os povos [...]. Eis que eu estou convosco, todos os dias, até o fim do mundo".*

Após a leitura, todos dirigem-se para a Mesa da Partilha.

NA MESA DA PARTILHA

Pedir aos catequizandos que contem a passagem bíblica (reconstruir o texto bíblico). Nesse momento, o catequista verificará se houve um entendimento sobre a leitura. Logo após pode-se contar a historinha:

A missão dos pequenos evangelizadores

Depois que nossos amiguinhos, Amanda, Pedrinho e Fernando viram Jesus subir aos céus, ficaram assentados debaixo de uma árvore, tristes e calados. Até que Amanda falou:

– E agora? Jesus subiu aos céus, e a gente continua aqui! Como e quando a gente vai voltar pra casa?

– É Pedrinho... O que a gente faz agora?

– Não sei, Fer!

De repente, surgiu um anjo e se assentou ao lado deles. Os três sentiram medo na hora em que viram aquela luminosidade, mas depois que o anjo se apresentou, eles se acalmaram.

– Não tenham medo, crianças. Vocês voltarão para casa. E não pensem que agora estão sozinhos aqui só porque Jesus voltou para a casa de seu Pai. Ele ainda permanece aqui. Por meio do Espírito Santo de Deus, Jesus se faz presente. E vocês encontram Cristo nas outras pessoas: em Maria, nos apóstolos, em todos que ainda seguirão seus ensinamentos.

– Mas quando a gente vai voltar? Tô com saudades de casa! – quis saber Amanda.

– Na hora certa. É preciso que vocês fiquem mais um tempo, aprendendo mais como ser pequenos cristos, e assim, quando voltarem, poderão ajudar as outras crianças a também serem pequenos cristos. Jesus conta com vocês!

– A gente sabe que tem uma missão... – disse Pedrinho.

– Se Ele precisa que a gente fique mais, então vamos ficar!

– Isso! Confiamos em Jesus! Tudo vai dar certo! – disse Fer, apertando o ombro do amigo e pegando a mão de Amanda.

O anjo partiu e as crianças ficaram conversando sobre a missão que eles teriam ao voltar para casa: anunciar Jesus a outras crianças. E você quer fazer parte dessa missão?

O catequista poderá questionar, junto aos catequizandos, se eles já tiveram algum momento em que sentiram medo. Deverá ouvir o relato dos catequizandos. Perguntar por que tiveram medo? Teriam esse mesmo sentimento se tivessem alguém em que eles confiassem muito próximo a eles?

Comentar que nós temos esse alguém em quem confiar: é Jesus. Ele mesmo diz, como vimos na leitura do Evangelho, que está sempre ao nosso lado.

Jesus confiou aos seus discípulos a tarefa de anunciar o Evangelho. Ele também confia em nós para sermos suas testemunhas. Temos que ser (através de nossos exemplos) seus representantes no anúncio de sua Palavra.

Em seguida propor a dinâmica aos catequizandos, ajudando-os a compreender que, como cristãos, devemos sempre estar atentos aos outros, ajudando-os, assim como faz Jesus, que permanece sempre ao nosso lado, nos ajudando em nossas dificuldades.

Dinâmica do quebra-cabeça: Providenciar quatro quebra-cabeças iguais, um em cada envelope. Porém, algumas peças de três quebra-cabeças deverão estar trocadas. Somente o envelope com o quarto quebra-cabeça deverá estar completo. Ou seja, alguma peça do envelope 01 estará no envelope 02, alguma peça do envelope 02 estará no envelope 03, e alguma peça do envelope 03 estará no envelope 01. Somente o envelope 04 não terá peça trocada. Portanto, serão quatro quebra-cabeças iguais, onde o catequista trocará algumas peças de três deles, onde ficarão com pelo menos uma peça igual em cada envelope, fazendo com que não consigam montar por ter pelo menos uma peça repetida e outra faltando.

Dividir a turma em quatro grupos. A cada grupo será entregue um envelope com as peças de um quebra- -cabeça que deverá ser montado. O grupo que primeiro conseguir montar esse quebra cabeça será premiado. O que não se avisa é que as peças de três quebra-cabeças estão trocadas.

Observar se os catequizandos se "atentam" em observar o outro grupo para montar seu quebra-cabeça, procurando partilhar informações ou se estão em atitude individualista. Observar também a atitude do grupo do envelope 04, que montará sem nenhum problema seu quebra-cabeça. Esse grupo teve atitude de ajudar os demais?

Questionar: Por que tivemos dificuldade? Se todos estivessem unidos, qual teria sido o resultado?

Nas pequenas coisas (como, por exemplo: montar esse quebra-cabeça) precisamos ter a ajuda de alguém próximo a nós. Às vezes, essa pessoa está próxima, mas nós não queremos sua ajuda. Assim é com Jesus. Ele mesmo nos diz: "Eis que estou convosco até o final dos tempos". Se temos essa certeza, não precisamos temer nada, podemos recorrer a Ele para nos ajudar, fortalecer nos momentos difíceis.

Comentar que diante da leitura do Evangelho, da história e da dinâmica, podemos dizer que Jesus caminha sempre conosco, está sempre ao nosso lado. Mas também, pede que assim como ele, nós estejamos atentos ao outros, para também nós os ajudarmos, principalmente sendo missionários, levando a sua Palavra a tantas pessoas que não o conhecem.

Conclusão: Como é bom termos alguém em quem confiar. Alguém que tenhamos a certeza de que está sempre ao nosso lado, em todos os momentos. Procurar no decorrer da semana, ter as atitudes de Jesus, de ir e permanecer ao lado da nossa família, amigos, transmitindo-lhes amizade e confiança, além de sempre falar de Jesus e do seu amor por cada um de nós.

Oração final: Ao redor da Mesa da Palavra, fazer um momento de oração, onde poderá pedir para que os catequizandos façam orações espontâneas. Depois todos rezam juntos a oração de Santa Teresa:

> *"Nada te perturbe, nada te assuste.*
>
> *Tudo passa, Deus não muda*
>
> *A paciência tudo alcança*
>
> *Quem a Deus tem, nada lhe falta. Só Deus basta".*

Logo após, rezar o Pai-nosso e concluir com a oração:

> *Senhor nosso Deus, que possamos ser em todos os momentos o seu exemplo de amor e confiança a todos que nos rodeiam. Por Cristo Nosso Senhor. Amém.*

O catequista impõe as mãos sobre a cabeça de cada catequizando e traça-lhes o sinal da cruz em sua fronte, dizendo:

> *"...N... confiante no Senhor, vai em paz!"*

19º Encontro

O Espírito de Deus está em nós

(Encontro a ser realizado na semana após o 6º DOMINGO DA PÁSCOA)

Palavra inicial: Neste encontro procuraremos conscientizar os catequizandos da presença do Espírito de Deus em nós, bem como sensibilizar sobre a nossa atitude muitas vezes incrédula diante das obras que o Senhor realiza.

Preparando o ambiente: Ambão (Mesa da Palavra) com toalha branca, Bíblia, círio pascal, flor, vela. Para dinâmica vela, copo de vidro e fósforo.

Acolhida: O catequista acolhe aos catequizandos dizendo: *"...N... a paz esteja com você!"*

Recordação da vida: Ao redor da Mesa da Palavra ou na Mesa da Partilha fazer um breve momento de recordação da vida, lembrando como foi a semana e quais foram as atitudes e gestos de amor que fizeram para as pessoas às quais conviveram com eles nos últimos dias. O catequista poderá pedir também para que os catequizandos socializem a atividade realizada no *Diário Catequético e Espiritual.*

NA MESA DA PALAVRA

Oração inicial: O catequista invoca o Espírito Santo com a oração "Vinde, Espírito Santo, enchei..." ou com um canto.

Antes de proclamar o Evangelho, poderá ser entoado um canto de aclamação.

Leitura do texto bíblico: Jo 20,19-31.

O catequista lê o texto indicado e em seguida lê novamente, desta vez pausadamente, com destaque em alguns pontos do texto:

"Na tarde do mesmo dia, que era o primeiro da semana [...] Jesus chegou, pôs-se no meio deles e disse: 'A paz esteja convosco' [...] Como o Pai me enviou, assim também eu vos envio. [...] soprou sobre eles e disse: 'Recebei o Espírito Santo..."

Após a leitura todos se dirigem para a Mesa da Partilha.

NA MESA DA PARTILHA

Pedir aos catequizandos que contem a passagem bíblica (reconstruir o texto). Depois pode-se contar a história "O Espírito Santo está sempre presente".

O Espírito Santo está sempre presente

Jesus havia ressuscitado. Depois de três dias, Maria Madalena e mais duas mulheres foram até o túmulo de Jesus e encontraram apenas o tecido que envolvia o corpo dele. Um anjo disse a elas que Jesus havia ressuscitado como havia prometido, e que elas deveriam ir dizer a Pedro e aos outros apóstolos o que tinha acontecido. Só que os apóstolos estavam sendo acusados de terem tirado o corpo de Jesus do túmulo para que todos acreditassem que Ele havia ressuscitado.

Pedrinho, Amanda e Fernando se encontravam na mesma casa com os apóstolos, menos Judas Iscariotes, o traidor, e Tomé. Entardecia e eles estavam ali escondidos com medo dos judeus, pois temiam ser presos. As crianças queriam ir para junto de Maria e de Maria Madalena, mas eles não permitiram, pois os judeus poderiam lhes fazer algum mal. De repente, Jesus apareceu no meio deles, sem entrar pela porta ou janela.

– A paz esteja com cada um de vocês!

Depois do susto, todos se alegraram com a presença do Mestre ressuscitado. Alguns se ajoelharam, outros louvaram a Deus com os braços erguidos para o alto. Porém, as lágrimas de felicidade que desciam dos olhos eram de todos. Jesus continuou a falar:

– Um dia, meu Pai me enviou para encontrá-los. Hoje, eu envio vocês! – e soprou sobre eles.

Uma brisa suave os tocou. As crianças e os apóstolos sentiram um arrepio e uma sensação muito boa de paz e alegria.

– Recebam, por meio do meu sopro, o Espírito Santo. Saiam agora em missão. A quem vocês perdoarem os pecados, estes ficarão perdoados por meu Pai.

Depois disso, Jesus se despediu e saiu. Mais tarde, as crianças ficaram conversando entre si, dizendo que várias vezes na missa, ou quando rezavam ou ouviam uma canção católica, sentiram o mesmo arrepio e a gostosa sensação, da mesma forma quando Jesus lhes soprou o Espírito Santo.

– Eu tenho certeza de que, quando a gente sente isso, é o Espírito Santo tocando nossos corações! – disse Pedrinho.

Refletir com os catequizandos que Jesus subiu para junto do Pai, mas antes de ir Ele nos deixa o Espírito Santo, para nos santificar e animar na caminhada até o Reino de Deus. Não o podemos ver, com os olhos humanos, apenas sentir a sua presença. Depois poderá propor a dinâmica:

Dinâmica: O catequista convida o grupo a ficar próximo à Mesa da Partilha e observar o que será feito: Mostrar a vela, e comentar com o grupo, para que serve uma vela apagada. Ouvir as opiniões/comentários. Acender a vela e perguntar para o grupo o que eles estão vendo agora. Colocar um copo sobre a vela. Observaremos que a vela se apagará. Questionar com o grupo por que isso aconteceu. (ausência do ar). Interrogar: Como sabem que o ar não está presente? Vocês o veem? Pois bem, nós também não vemos o Espírito Santo. Como sabemos que ele existe e está presente?

Levantar essa questão junto ao grupo. Refletir dizendo que não podemos vê-lo, mas podemos senti-lo, assim como sentimos o ar, o vento. Podemos sentir o Espírito Santo também em nós. O Espírito Santo é quem nos anima, nos dá coragem, nos ilumina diante das dificuldades e nos conduz pelos caminhos que devemos trilhar.

Conclusão: Propor aos catequizandos que, durante a semana, rezem sempre em suas orações pedindo que Deus sopre sobre eles o Espírito Santo, para que, com seu auxílio, possam caminhar e conhecer cada vez mais Jesus, assumindo sem medo o compromisso de anunciadores da Palavra.

Oração final: Ao redor da Mesa da Palavra, pedir aos catequizandos para fazerem orações espontâneas, lembrando alguém que esteja em dificuldade. Logo após, rezar a oração do Pai-nosso e concluir com a oração:

Deus e nosso Pai, envie sobre nós o Espírito Santo e fazei que, atentos a tua presença, sejamos também instrumentos de tua paz no meio de nossos irmãos. Por Cristo Nosso Senhor. Amém.

No final da oração o catequista impõe as mãos sobre a cabeça de cada catequizando e traça-lhes o sinal da cruz em sua fronte, dizendo:

"...N..., na alegria do Cristo ressuscitado, vai em paz, que o Senhor te acompanhe!"

20º Encontro O alimento da Eucaristia

Palavra inicial: Prezados catequistas, com alegria e entusiasmo queremos celebrar mais um encontro. Hoje, iremos ouvir um texto da Sagrada Escritura em que Jesus faz um paralelo com o que iria fazer na Última Ceia. Ele vem nos dizer que Ele é o pão vivo descido do céu. Por isso queremos mostrar aos nossos catequizandos que devemos pedir ao Pai para que sempre tenhamos fome deste alimento.

Preparando o ambiente: Ambão (Mesa da Palavra) com toalha branca, Bíblia, vela e gravura ou quadro da Santa Ceia em destaque. Um único pão (que dê para partilhar com todos) que poderá estar em uma bandeja, com galhos de trigo e uma jarra transparente com suco de uva que poderá estar em uma bandeja com uvas de verdade e copos plásticos para todos.

Acolhida: Quando todos já estiverem na sala o catequista os saúda, desejando-lhes boas-vindas: Cristo se fez alimento *...N... Seja bem-vindo.*

Recordação da vida: Logo após, ao redor da Mesa da Palavra ou na Mesa da Partilha, lembrar fatos e acontecimentos que marcaram a semana e fazer uma breve introdução no tema do encontro: *Queridos catequizandos, hoje queremos relembrar o momento em que Jesus se torna o próprio alimento para nós. O momento de sua Última Ceia com os discípulos. E nós estamos aqui, hoje, para construirmos uma caminhada e nos prepararmos para um dia nos alimentarmos verdadeiramente de seu corpo e de seu sangue. Aqui, hoje, iremos apenas simbolizar que o pão é o seu corpo, e o suco é seu sangue, somente daqui a quatro anos vocês irão se alimentar verdadeiramente de seu corpo e de seu sangue (Jo 10,17-18).*

NA MESA DA PALAVRA

Oração inicial: Após a breve introdução, o catequista poderá fazer a oração:

Jesus, Deus de bondade e amor, quiseste que aprendêssemos contigo a manter vivo o ensinamento da partilha e do amor. Hoje, nós te pedimos que os dês um grande amor pela missa, valorizando e participando da Mesa da Palavra e da Eucaristia que é o teu corpo e sangue, alimento de vida eterna. Amém.

Em seguida convida os catequizandos a aclamarem o santo Evangelho e o proclama.

Leitura do texto bíblico: Jo 6,51-58.

O catequista lê o texto indicado e em seguida lê novamente, desta vez pausadamente, com destaque em alguns pontos do texto:

"Eu sou o pão vivo descido do céu. Se alguém comer deste pão viverá para sempre. E o pão que eu darei é minha carne para a vida do mundo. [...] Quem come minha carne e bebe o meu sangue tem a vida eterna..."

Após a leitura, todos se dirigem à Mesa da Partilha.

NA MESA DA PARTILHA

Após a leitura tentar reconstituir o texto. Com os dedoches ou com um cartaz contar a história "O banquete do céu".

O banquete do céu

Nossos amigos ceiavam na casa de Maria, que agora vivia com o Apóstolo João, com os outros apóstolos e Maria Madalena. Pedro, o líder dos apóstolos, ao pegar mais um pedaço do pão para molhar no vinho, lembrou-se do dia em que estava com os outros apóstolos e várias pessoas na margem de um rio quando Jesus disse essas palavras.

"... Eu sou o pão vivo que desceu do céu. Quem comer deste pão viverá para sempre. E o pão que eu vou dar é minha própria carne para que o mundo tenha vida. [...] Quem come a minha carne e bebe o meu sangue tem a vida eterna..."

Isso fez nossos amigos Pedrinho, Amanda e Fernando se lembrarem de que não viam a hora de poderem participar do Sacramento da Eucaristia pela primeira vez. Eles ainda estavam começando a catequese. Mais tarde, na hora de dormir, Amanda disse:

– O dia da nossa Primeira Comunhão vai ser um dos momentos mais bonitos da minha vida!

– É, para mim também vai ser. Receber pela primeira vez o corpo de Jesus presente na hóstia vai ser "da hora"! – disse Fernando.

– E que bom vai ser poder participar do banquete do céu em todas as missas ao comungar! – completou Pedrinho.

Refletir com os catequizandos que Jesus reúne na Última Ceia o significado de toda a sua vida, atualizando a memória libertadora da aliança do êxodo do Antigo Testamento. Porém, como um projeto mais amplo de superação de todas as formas de morte e de opressão, de todas as forças contra a vida e contra a justiça do Reino, isto é: os pecados deste mundo.

Celebrando a presença misteriosa de Jesus no pão e no vinho repartidos na Eucaristia (ação de graças), aprendemos a viver o seu projeto de partilha, assumindo a missão de fazer o mundo parecido com o céu, ou fazendo deste um grande banquete eucarístico, onde todos comem ao redor da mesa como irmãs e irmãos.

No final, o catequista os convida a ficar de pé em volta da Mesa da Partilha com o pão e o suco no centro. Tirar um pedaço do pão, partir e distribuir a cada um. Depois pegar a jarra e colocar um pouco de suco para cada catequizando, onde todos partilham o pão e o suco.

Conclusão: E como gesto concreto, participar da missa no final de semana e observar, com atenção, todos os gestos e palavras que o padre faz e que repetem as palavras ditas por Jesus na Última Ceia. No próximo encontro, partilhar no grupo que foi observado.

Oração final: Ao redor da Mesa da Palavra, rezar a oração do Pai-nosso e concluir com a oração:

Senhor Jesus, nosso Salvador, Tu nos ensinaste a viver nossa fé, renovando em cada missa a tua memória de vida, paixão, morte e ressurreição. Tu nos deste a Eucaristia como sacramento de Comunhão, fazendo-te Deus vivo presente entre nós. Abençoa-nos e fortalece-nos na fé, na esperança e na caridade. E ajuda-nos a construir um mundo mais humano e fraterno. Por Cristo Nosso Senhor. Amém.

No final da oração, o catequista impõe as mãos sobre a cabeça de cada catequizando e traça-lhes o sinal da cruz em sua fronte, dizendo:

"...N..., buscai sempre o pão descido do céu, vai em paz, que o Senhor te acompanhe!"

21º Encontro

João Batista: precursor do Reino

Palavra inicial: Caro catequista, neste encontro voltaremos a falar do exemplo de João Batista, mostrando que devemos ser como ele, só que agora anunciando e preparando a sua segunda vinda.

Preparando o ambiente: Ambão (Mesa da Palavra), toalha vermelha (lembrar o martírio de João Batista), Bíblia, vela, vasilha com água e uma imagem ou quadro de João Batista.

Acolhida: O catequista acolhe os catequizandos com essas palavras: *"...N... preparai os caminhos do Senhor!"*

Recordação da vida: Ao redor da Mesa da Palavra ou na Mesa da Partilha recordar o encontro anterior. Depois apresentar fatos e acontecimentos que marcaram a semana. O catequista poderá pedir também, para que os catequizandos socializem a atividade realizada no *Diário Catequético e Espiritual.*

NA MESA DA PALAVRA

Oração inicial: O catequista invoca o Espírito Santo com a oração "Vinde, Espírito Santo, enchei..." ou com um canto e conclui com a oração que poderá ser repetida pelos catequizandos:

Ó Deus, nesse encontro queremos aprender de João Batista a amar Jesus e a prepararmos a sua segunda vinda. Queremos ser sinais do amor de Deus na minha escola, na minha casa e em todos os lugares onde eu passar. Tudo isso vos pedimos, ó Deus, que vive e reina para sempre. Amém.

Em seguida convida os catequizandos a aclamarem o Evangelho e o proclama.

Leitura do texto bíblico: Mc 1,1-8.

O catequista lê o texto indicado e em seguida lê novamente, desta vez pausadamente, com destaque em alguns pontos do texto:

"[...] Eis que envio o meu mensageiro à tua frente; ele preparará o teu caminho. [...] Assim apareceu João no deserto, batizando [...] vinham procurá-lo toda a região da Judeia e todos os habitantes de Jerusalém. [...] Depois de mim, vem um mais forte do que eu..."

Após a leitura, todos se dirigem à Mesa da Partilha.

NA MESA DA PARTILHA

Após a leitura, reconstituir o texto. Algumas perguntas poderão nos ajudar:

- **Onde João Batista Apareceu?** Após as respostas refletir que o deserto era a região onde João morava e que hoje podemos anunciar Jesus Cristo em nossa casa para os nossos familiares, para os nossos vizinhos e amigos.
- **Quem ia ao encontro de João?** Refletir; após ouvir as respostas, comentar que todos iam ao encontro de João por causa do seu testemunho de amor pela causa do Reino de Deus de amor, justiça direitos e respeito. Explorar que hoje somos convidados a testemunhar o que Jesus nos ensinou e que se amarmos nosso próximo e se formos educados e atenciosos, as pessoas verão em nós o olhar sereno e amoroso de Deus, uma parte do Reino acontecendo.

João Batista falava e anunciava a si mesmo? A partir desta pergunta pode-se refletir sobre a humildade de João Batista, que se considerava um homem pequeno diante de Jesus, e que não falava de si mesmo, mas do próprio Jesus, como enviado por Deus. João Batista nos ensina a reconhecer que temos limitações e não somos melhor que ninguém, mas também o outro não é melhor que eu. Somos todos iguais aos olhos de Deus. Porque Deus nos convida a sermos irmãos e nos amar.

Com os dedoches ou com um cartaz contar a história "A segunda vinda de Jesus".

A segunda vinda de Jesus

Nossos amiguinhos Pedrinho, Amanda e Fernando estavam trepados numa macieira comendo maçã e se lembrando da conversa que ouviram durante o almoço. Os apóstolos falavam sobre João Batista, que era primo de Jesus e que dizia às pessoas para se converterem, ou seja, mudar de vida por meio do jejum e da oração.

– Eu me lembro de que nos encontros da catequese, a Débora, nossa catequista, falava que João Batista dizia às pessoas no Rio Jordão, e por todos os lugares por onde ele passava, que depois dele, ia aparecer alguém muito importante e que não ia batizar mais com água, mas com o Espírito Santo. E que ele dizia: preparem o caminho para o Senhor!

– É, Amanda, ele falava de Jesus! Ele dizia pras pessoas esperarem pelo Cristo, o Salvador! – exclamou Fer.

– E sabem o que eu tô pensando agora? Acho que a nossa missão agora é sermos os novos "João Batista", aqueles que preparam o caminho de Jesus!

– Mas, Pedrinho... Jesus já veio, morreu, ressuscitou e subiu pro céu! – disse Amanda.

– O caminho que eu tô falando agora é o novo caminho, pra segunda vinda de Jesus pra Terra!

– Ah, entendi!

– Jesus vai voltar, não vai? Não foi isso que o anjo disse pra todo mundo enquanto a gente via Jesus subir?

– Foi.

– Então! É essa a nossa missão. A nossa missão é de preparar essa nova vinda de Jesus falando dele pras pessoas, principalmente pras outras crianças que ainda não o conhecem.

– Será que é, Pedrinho?

– Claro que é, Fer! Pra que então a gente ia ter vindo parar aqui?

– Ah, mas a gente não precisa esperar voltar pra casa. A gente pode falar de Jesus pras crianças daqui também.

– Ótima ideia, Amanda! Vamos lá brincar com as crianças e aí a gente aproveita pra falar dele, de como Ele era bom, e que a gente deve seguir o seu exemplo de amor!

E assim os três fizeram. Depois que acabaram de comer as maçãs, desceram e foram brincar com crianças que tinham a mesma idade deles. E lá, aproveitaram e falaram de Jesus, lembraram também de João Batista que preparou o povo para a chegada de Jesus, e que agora eles precisavam preparar a sua nova vinda. E você, além de pequeno Cristo, não quer ser um pequeno João Batista também? Pra quem você vai falar de Jesus?

Após a história pode-se falar um pouco sobre o que João Batista pregou: conversão, jejum e oração.

Fazer que os catequizandos reflitam que ao longo da vida é preciso: avaliar nossas atitudes, ou seja, de olhar para nossos atos e ver o que precisa ser mudado. Obedecer aos pais, não responder ou gritar, não contar mentira, não falar palavrões, respeitar os mais velhos... enfim, explorar atitudes do cotidiano de crianças da idade dos catequizandos. Vale também lembrar a importância da oração como combustível que nos ajudará a refletir e nos fortalecer em nossa mudança de vida e no testemunho de amor.

Conclusão: Cada catequizando pode ser incentivado a fazer um gesto concreto, a olhar as suas atitudes e fazer um compromisso de mudança. Cada catequizando e o próprio catequista podem partilhar o que cada um vai fazer de concreto como atitude de conversão. Também com o compromisso de ser um anunciador da Palavra de Jesus, junto do papai, da mamãe e dos irmãozinhos.

Oração final: Ao redor da Mesa da Palavra rezar o Pai-nosso e concluir com a oração:

Senhor nosso Deus, obrigado por mais esse encontro de amor com meus irmãos e irmãs. Pedimos que, a exemplo de João Batista, podemos anunciar, testemunhar e preparar os teus caminhos. Por Cristo Nosso Senhor! Amém.

No final da oração o catequista impõe as mãos sobre a cabeça de cada catequizando e traça-lhes o sinal da cruz em sua fronte, dizendo:

"...N..., preparai os caminhos do Senhor com tua vida, vai em paz, que Jesus te acompanhe!"

Lembrete

Na próxima semana não haverá encontro de catequese. **O nosso encontro será participar da celebração de *Corpus Christi*.** Onde for costume enfeitar as ruas para a procissão, os catequizandos podem ser incentivados a ajudar na confecção dos tapetes juntamente com os seus pais, para que haja um momento de convivência fraterna com a comunidade.

22º Encontro São Pedro e São Paulo: colunas da Igreja

Palavra inicial: Caríssimos catequistas, o objetivo deste encontro é refletirmos sobre duas colunas da Igreja: São Pedro e São Paulo. Grandes apóstolos e testemunhas que deram suas vidas pela missão de anunciar o Reino de Deus.

Preparando o ambiente: Ambão (Mesa da Palavra) com toalha branca, Bíblia, vela e flores. No centro da Mesa da Partilha, foto ou imagem dos dois santos (Pedro e Paulo), e também uma foto do nosso atual papa e uma vela que, aqui, simboliza estes homens que deram sua vida e se consumiram pela evangelização e por amor a Cristo.

Acolhida: Quando todos já estiverem na sala o catequista os saúda, desejando-lhes boas-vindas: Vamos conhecer Pedro e Paulo ...N..., Seja bem-vindo! Logo após, ao redor da Mesa da Palavra ou na Mesa da Partilha motivar, um momento de recordação da vida.

Recordação da vida: Lembrar fatos e acontecimentos que marcaram a semana. Recordar também o último encontro aonde vimos à figura de São João Batista que preparou a vinda do Messias, com anúncio da Boa-Nova e denúncia das injustiças sociais. Este grande precursor de Cristo também serviu de modelo para estes dois santos Pedro e Paulo.

NA MESA DA PALAVRA

Oração inicial: O catequista invoca o Espírito Santo com a oração "Vinde, Espírito Santo, enchei..." ou com um canto e conclui com a oração que poderá ser repetida pelos catequizandos:

Ó Deus, vós escolhestes Pedro e Paulo como colunas da sua Igreja; que a intercessão destes dois santos acompanhe o nosso Papa ...N..., para que seja um bom pastor ao rebanho confiado. Por Cristo Nosso Senhor. Amém.

Em seguida convidar a todos os catequizandos a cantarem aclamando o Evangelho e o proclama.

Leitura do texto bíblico: Mt 16,13-19.

O catequista lê o texto indicado e em seguida lê novamente, desta vez pausadamente, com destaque em alguns pontos do texto:

"Chegando à região de Cesareia de Filipe, Jesus perguntou a seus discípulos: 'Quem as pessoas dizem que é o Filho do Homem?' [...] Simão Pedro respondeu: 'Tu és o Cristo, o Filho do Deus vivo' [...] E eu te digo: Tu és Pedro, e sobre esta pedra construirei a minha Igreja..."

Após a leitura, todos se dirigem à Mesa da Partilha.

NA MESA DA PARTILHA

Na Mesa da Partilha, reconstruir o texto bíblico. Logo após, faz-se uma breve apresentação dos apóstolos Pedro e Paulo e em seguida conta a história "Pedro e Pedrinho", apresentando as suas vidas.

Pedro e Pedrinho

Numa tarde ensolarada, o Apóstolo Pedro e Pedrinho estavam pescando na lagoa para o jantar. Alguns discípulos sabiam que as crianças eram do futuro, como Pedro. Estando ali, Pedro quis saber um pouco mais da vida de Pedrinho. Depois, foi a vez de Pedro contar ao menino.

– Me fala de você, Pedro!

– Ah, Pedrinho, eu nasci em Betsaida, na Galileia.

– Sabia que você vai ficar conhecido como "Príncipe dos apóstolos" e vai ser considerado o fundador da Igreja de Jesus em Roma?

– É mesmo?

– É! Você vai ser considerado pela Igreja Católica como o primeiro papa.

– Papa? Que palavra engraçada. O que significa essa palavra?

– A nossa catequista Débora, que é a pessoa que ensina tudo pra gente sobre Jesus, sobre vocês apóstolos, sobre Deus e a Igreja, disse uma vez que a palavra "Papa", em grego, quer dizer "pai".

– Ah! E por que vão me considerar como um pai?

– Porque você cuida de todos como se fosse um pai, e também da Igreja.

– Você fala coisas engraçadas!

– Ah, Pedro, fale mais da sua vida, da sua família! – pediu Pedrinho.

– Bom... Meu pai se chama Jonas, sou irmão do Apóstolo André, como você já sabe. E meu nome era Simão, mas na primeira vez em que me encontrei com Jesus, Ele me chamou de Cefas, que significa pedra na língua aramaica. Aí todos passaram a me chamar de Pedro. Eu morava em Cafarnaum com a família da minha mulher, era pescador tal como Tiago e João. E trabalhava com meu irmão e o meu pai. Foi meu irmão André que me apresentou Jesus em Betânia, que tinha ido conhecer o Cristo por indicação de João Batista.

Pedrinho sabia porque já tinha ouvido o padre da paróquia dizer na missa que Jesus, além de mudar o nome de Simão para Pedro, o escolheu como chefe dos cristãos aqui na Terra. Junto a Tiago e João, Pedro fazia parte do círculo íntimo de Jesus entre os doze, participando dos acontecimentos mais importantes do Mestre aqui na Terra.

O nosso amiguinho sabia, mas não podia dizer a Pedro, que ele passaria a viver em Roma, na Itália. E que lá ele iria fundar e presidir a comunidade cristã, base da Igreja Católica Apostólica Romana, e, por isso, lá em Roma, ele seria morto. Segundo a tradição na Igreja, Pedro pediu na hora de sua morte para ser crucificado de cabeça para baixo, por se considerar indigno de morrer do mesmo jeito que Cristo morreu. Seu túmulo se encontra embaixo da Catedral de São Pedro, no Vaticano. É festejado no dia 29 de junho. Neste dia, também, a Igreja celebra o dia do papa.

– Sabe, Pedro, você ainda vai conhecer um cara que também vai mudar de nome. Mas vai demorar um pouco.

– E quem é ele? Conte-me um pouco sobre ele, adiante-me algumas coisas. Sabe, é bem engraçado falar com um menino do futuro, que sabe tudo o que aconteceu com a gente, nessa época. É engraçado e ao mesmo tempo assustador.

– O cara se chama Saulo, nasceu em Tarso, é judeu e cidadão romano. Ele vai ser perseguidor das primeiras comunidades cristãs, e vai concordar com o assassinato do diácono Estêvão. Estêvão é outro cara que você ainda vai conhecer também. Quando ele estiver perseguindo os cristãos a caminho de Damasco, Jesus ressuscitado vai aparecer pra ele, que vai mudar de vida totalmente. E depois que ele for batizado, vai falar pra todo mundo que seu nome, a partir daquele momento, será Paulo. Ele vai seguir na missão de anunciar Jesus, dando a sua própria vida por amor a Ele.

– Nossa!

– E ele vai passar a escrever para os cristãos de outras partes do mundo e acompanhar as comunidades que vão passar a ter Jesus como o centro de suas vidas.

– Ele vai ser um cara legal então, mesmo que ainda não seja e não conheça o nosso Mestre Jesus.

– É sim! No futuro, na época em que eu vivo, ele, assim como você, será muito lembrado por tudo o que farão em nome de Jesus.

Pedrinho também sabia, mas também não quis contar, que Paulo também morre em Roma decapitado, e que os seus restos mortais vão ficar numa basílica dedicada a ele, a Basílica de São Paulo.

Logo que acabou de dizer, começaram a pescar os primeiros peixes. Voltaram com uma dúzia de peixes gordos para a alegria de todos na casa de Ester, uma discípula de Jesus.

Refletir com os catequizandos que Pedro e Paulo são tidos como colunas da Igreja, pois com seu trabalho, missão e testemunho, fizeram com que a Igreja se organizasse e se espalhasse por toda a Terra. Pedro, o primeiro papa, foi um grande líder que organizou a missão da Igreja, e Paulo, homem corajoso, levou a toda parte o Evangelho de Cristo, formando muitas comunidades. Estes dois homens são modelo e exemplo para todos nós até hoje. Assim como eles, muitas pessoas de nossas comunidades se dedicam ao Evangelho e à missão de anunciar o Evangelho. De modo especial, podemos lembrar dos nossos padres e bispos, que largaram suas casas e famílias para se dedicar exclusivamente à Igreja e ao povo assim como Pedro e Paulo.

Conclusão: A sugestão é que os catequizandos façam uma visita ao padre de sua paróquia, onde mostre sua casa aos catequizandos juntamente com o catequista, e partilhe com eles como foi o seu chamado vocacional (essa visita deverá ser agendada previamente com o padre), mostrando que Deus chama a todos nós ao seu serviço.

Oração final: Ao redor da Mesa da Palavra, rezar o Pai-nosso e concluir com a oração:

> *Senhor, nós vos louvamos e agradecemos por mais um encontro de catequese. Ensina-nos a amar a vossa Igreja e, a exemplo de São Pedro e São Paulo, sejamos fiéis também a nossa missão de anunciadores da Palavra de Deus. Por Cristo Nosso Senhor. Amém.*

No final da oração o catequista impõe as mãos sobre a cabeça de cada catequizando e traça-lhes o sinal da cruz em sua fronte, dizendo:

> *"...N..., anunciai o Evangelho, vai em paz, que o Senhor te acompanhe!"*

23º Encontro

Nas pegadas de Jesus: ser discípulos

Palavra inicial: Queridos catequistas, neste encontro queremos mostrar aos catequizandos que Cristo, a todo instante, nos chama a segui-lo e ser seus discípulos. Todos somos convidados a ser pregadores da Boa-Nova do Amor de Deus.

Preparando o ambiente: Ambão (Mesa da Palavra) com toalha verde e uma rede de pesca pendurada, Bíblia, vela e flores. Na Mesa da Partilha, peixinhos de papel, lápis de cor, caneta e fita adesiva. Em alguns destes peixinhos escrever o nome do papa, do bispo e do(s) padre(s) da paróquia e do próprio catequista (cada nome em um peixe).

Acolhida: O catequista acolhe os catequizandos com essas palavras: "*... N..., Cristo te chama!*"

Recordação da vida: Ao redor da Mesa da Palavra ou na Mesa da Partilha, recordar os fatos que marcaram a semana. Questionar os catequizandos se já pensaram o que querem ser no futuro. Relacionar o chamado com as profissões: professor, motorista, advogado, eletricista, bancário etc. Também existe o chamado ao casamento para formar família ou o chamado a ser padre, irmão(ã) religioso(a), ou simplesmente permanecer solteiro. Deus quer a nossa felicidade. Foi para isso que Ele nos colocou no mundo. Deu-nos inteligência e capacidades para fazermos escolhas e sermos felizes. Nos deixa livres para decidir, para fazer nossas opções. Neste encontro, vamos saber como Jesus chamou alguns amigos para ser seus discípulos.

NA MESA DA PALAVRA

Oração inicial: O catequista invoca o Espírito Santo com a oração "Vinde, Espírito Santo, enchei..." ou com um canto, e conclui com a oração que poderá ser repetida pelos catequizandos:

Jesus, amado do Pai, quando estiveste neste mundo chamastes os doze apóstolos para seguir-te. Chamas todos nós para sermos teus discípulos no mundo de hoje. Ensina-nos palavras e atitudes que revelam o amor de Deus pela humanidade, mostra-nos o teu caminho, queremos seguir-te. Amém.

Logo depois todos cantam, aclamando a Palavra de Deus e o catequista proclama o Evangelho.

Leitura do texto bíblico: Mt 4,18-22.

O catequista lê o texto indicado e em seguida lê novamente, desta vez pausadamente, com destaque em alguns pontos do texto:

> *"[...]Jesus lhes disse: 'Vinde comigo, e eu farei de vós pescadores de gente'. Deixando imediatamente as redes, eles o seguiram. Indo mais adiante, viu outros dois irmãos [...] Jesus os chamou [...]"*

Após a leitura, todos se dirigem à Mesa da Partilha.

NA MESA DA PARTILHA

Reconstruir o texto bíblico. Quem Jesus viu primeiro? O que eles estavam fazendo? O que Jesus disse a eles? Quem Jesus viu em seguida? Quanto tempo eles demoraram para seguir Jesus?

Refletir com os catequizandos sobre os que foram convidados por Jesus e aceitaram segui-Lo. Pedro e seu irmão André deixaram o barco e as redes na praia e foram com Jesus. Tiago e seu irmão João deixaram seu pai e o barco e o seguiram. Assim, foi cada vez aumentando mais o número de discípulos e discípulas de Jesus. "Sigam-me", diz Jesus aos discípulos. Comentar que seu chamado e a nossa resposta são dois pontos importantes de fé. Ninguém pode chamar-me no lugar de Jesus e ninguém pode responder no meu lugar.

Logo após, contar a história "Pescadores de crianças" mostrando que Cristo também nos faz o convite para segui-lo e essa resposta se dá através da nossa vocação.

Pescadores de crianças

Pedrinho, Amanda e Fernando se tornaram pequenos catequistas. Ao final das brincadeiras, eles sempre pediam para os coleguinhas se assentarem para conversarem sobre Jesus. Naquela tarde, eles brincavam com mais seis crianças à porta da casa de João, o discípulo muito querido de Jesus, que agora cuidava de Maria, como sua mãe, a pedido dele antes de morrer na cruz.

Pedrinho pediu que eles se assentassem em círculo debaixo da árvore e disse:

– Quando Jesus começou a sua missão, e precisava de ajudantes para anunciar o Reino de Deus, que é um lugar de amor e partilha, Ele saiu chamando homens e dizia: 'Sigam-me, porque eu farei de vocês pescadores de homens'. E, hoje, essa palavra ainda viva de Jesus convida, também a nós, crianças, a seguir as suas palavras para também sermos pescadores.

– É, Pedrinho, mas deixa claro que a gente não é chamado a ser pescadores de homens, mas pescadores de crianças. A gente precisa aprender que Jesus Cristo é o melhor modelo de vida pra se seguir! – disse Amanda.

– E se a gente fizer tudo o que Ele ensinou, a gente vai ser as crianças mais felizes do mundo, porque vamos viver no Amor! – completou Fer.

E com o passar dos dias, mais e mais crianças ficavam conhecendo os ensinamentos de Jesus e se tornavam crianças novas, que buscavam apenas fazer o bem ao próximo.

A vocação é um chamado de Deus para a pessoa ser feliz e fazer os outros felizes. Era isso que nossos amiguinhos queriam: serem felizes e ver todo mundo feliz. Para cada um, Deus dá um caminho de felicidade.

Em breve nós vamos saber qual o caminho nossos amiguinhos seguiram quando se tornaram adultos. Será que alguém se casou? Será que alguém se tornou padre? E você? Já pensou em qual é a sua vocação na Igreja?

Motivar os catequizandos para a seguinte atividade: Colocar a rede sobre a mesa. Ela representa o Cristo, que nos chama a segui-lo. Somos peixes dessa rede. Pegar os peixinhos com o nome do papa, do bispo, do(s) padre(s) e do catequista e colar no centro da rede, lembrando que eles deram o seu sim a Jesus. Depois pedir para que cada catequizando pinte um peixinho e escreva seu nome nele e abaixo do seu nome escreva: *Estou aqui, Jesus!*

Enquanto os catequizandos realizam a atividade, pode-se colocar uma música com o tema do chamado. Quando forem terminando, pedir para que colem o peixe na rede. Quando todos terminarem, o catequista colocará a rede junto à Bíblia e convida os catequizandos a contemplarem o resultado comentando que cada um responde seu chamado ao se responsabilizar com o compromisso de ser cristão fiel a Jesus na família, na escola, no mundo. No final do encontro, poderá deixar que cada catequizando leve seu peixinho para casa e cole no *Diário Catequético e Espiritual do Catequizando* como sinal do seguimento de Cristo.

Conclusão: Ao redor da Mesa da Palavra, junto à rede, pedir para que os catequizandos citem os nomes de pessoas e santos que eles conhecem que já deram seu sim a Deus. No final, refletir que eles foram grandes exemplos para nós e que nós também devemos ser exemplo para as gerações seguintes.

Oração final: Rezar o Pai-nosso e concluir com a oração:

Jesus, que chamaste os apóstolos a te seguirem, passa também pelos nossos caminhos, nossas famílias, nossas escolas, nossas comunidades e repete o convite para que caminhemos contigo. Dá coragem às pessoas convidadas e cuida para que aqueles que foram chamados sejam firmes na fé e fortes para comunicar teu amor ao mundo. Por Cristo Nosso Senhor. Amém.

No final da oração, o catequista impõe as mãos sobre a cabeça de cada catequizando e traça-lhes o sinal da cruz em sua fronte, dizendo:

"...N..., sejais testemunha do seguimento de Cristo, vai em paz, e que o Senhor te acompanhe!"

24º Encontro O que vimos e ouvimos: testemunhar Jesus

Palavra inicial: Prezados catequistas, o objetivo deste encontro é refletir com os catequizandos de que é preciso testemunhar o que acreditamos. As maravilhas que Deus realiza em nossa vida devem ser partilhadas para que todos conheçam as grandes obras do Senhor.

Preparando o ambiente: Ambão (Mesa da Palavra) com toalha verde, Bíblia, vela e flores, papel ou *Diário Catequético e Espiritual* do catequizando para escreverem.

Acolhida: O catequista acolhe os catequizandos com essas palavras: *"...N..., Deus está contigo!"*

Recordação da vida: Ao redor da Mesa da Palavra ou na Mesa da Partilha, recordar os fatos que marcaram a semana e lembrar o nome de pessoas que precisam de oração.

NA MESA DA PALAVRA

Oração inicial: O catequista invoca o Espírito Santo com a oração "Vinde, Espírito Santo, enchei..." ou com um canto.

Logo depois todos cantam aclamando o santo Evangelho.

Leitura do texto bíblico: Jo 1,29-34.

O catequista lê o texto indicado e em seguida lê novamente, desta vez pausadamente, com destaque em alguns pontos do texto:

> *"[...] João viu Jesus aproximar-se e disse: 'Eis o cordeiro de Deus que tira o pecado do mundo'. [...] E João deu testemunho: 'Eu vi o Espírito descer do céu em forma de pomba e permanecer sobre Ele. [...] Eu vi e dou testemunho que este é o Filho de Deus!"*

Após a leitura, todos se dirigem à Mesa da Partilha.

NA MESA DA PARTILHA

Conversar com os catequizandos a partir das seguintes questões:

- O que deixa você triste e desanimado?
- Como você observa uma pessoa desanimada?
- O que faz você se alegrar quando está com problemas?

No encontro de hoje vamos lembrar de João Batista, já falamos várias vezes sobre ele, um grande anunciador da verdade. Ele foi um profeta corajoso, que não tinha desânimo e que, mesmo tendo problemas, não parou, foi adiante anunciando Jesus, pois era o que ele acreditava.

E nós devemos, pelo batismo, anunciar a nossa fé a todos os cantos, sem medo, com coragem e força, para que o mundo também conheça Jesus, o Filho de Deus, aquele que amamos.

Depois desta pequena introdução, reconstruir o texto bíblico:

- Quem viu Jesus?
- Quem era este João que o Evangelho fala?
- O que pousou sobre Jesus, e o fez com que João o reconhecesse?

Deixar com que os catequizandos falem. Em seguida contar a história "Deus é bom".

Deus é bom

Amanda, Pedrinho e Fernando brincavam na beira do Rio Jordão quando viram os apóstolos batizando pessoas. E ouviam dizer às pessoas quando jogavam água sobre suas cabeças:

– Eu te batizo em nome do Pai, e do Filho, e do Espírito Santo.

E depois ouviram também:

– Agora batizado, vai e anuncia a fé por todos os cantos, sem medo, com coragem e força, para que mais pessoas possam receber o batismo e se tornar também um discípulo de Jesus.

Os três se lembraram de que essas foram as últimas palavras que Jesus disse quando subia para junto do Pai.

– Então é por isso que as crianças são batizadas... pra serem discípulos de Jesus desde cedo – disse Amanda.

– É, mas como elas ainda são pequenas, quem tem a função de fazer dela uma seguidora de Jesus, são os pais e os padrinhos. Era isso que a nossa catequista Débora dizia pra gente – falou Fernando.

– Viram só... Então eu tava certo quando disse sobre a nossa missão. Somos batizados e devemos falar de Jesus, mostrar todo o amor dele pra outras crianças.

– Você tá certo, Pedrinho! E a gente tem que aprender mais e mais pra falar de todas as coisas boas que o Senhor, Pai de Jesus e nosso Pai, fez de bom e que ainda pode fazer.

– E Ele quer fazer, Fer. Basta à gente acreditar e querer!

Recordar com os catequizandos a figura de João Batista, como vimos a alguns encontros passados. Lembrar que nossa missão deve ser sempre como a de João. Devemos apontar sempre para Jesus, e fazer com que as pessoas o reconheçam.

Esta missão nos foi confiada no batismo. Através dele, todos nós somos convidados a anunciar a verdade de fé, e reconhecer sempre que Jesus é o Filho de Deus, o ungido do Pai, o enviado para nos salvar, é Ele quem tira o pecado do mundo. Ele nos libertou, e nos justificou pelo seu sangue derramado na cruz.

Também é importante dizer que o mesmo Espírito Santo que desceu sobre Jesus, é o mesmo Espírito que recebemos no batismo.

Este Espírito Santo, que é a terceira pessoa da Santíssima Trindade que nos faz filhos de Deus e membros da Igreja, onde Cristo é a cabeça e nós somos o corpo.

Conclusão: Pedir para que os catequizandos escrevam em um papel (ou no *Diário Catequético e Espiritual do Catequizando*) coisas e fatos que mostram a bondade e as maravilhas que Deus nos dá e realiza em nossa vida. Por exemplo: O dom da vida, a saúde, a natureza (flores, sol, água, animais), a família, os amigos. Depois pedir que partilhem com os demais catequizandos.

Oração final: Ao redor da Mesa da Palavra, pedir para que façam preces espontâneas e orações de agradecimento a Deus por todas as maravilhas que Ele realiza em nossas vidas. Rezar o Pai-nosso e concluir com a oração:

Querido Deus de bondade, fazei com que nós também saibamos anunciar a ti a todos os povos, sem medo e com ousadia. Nós te pedimos, que você sempre cresça em nós, e nós diminuamos, para que você, Jesus, seja tudo em todos. Por Cristo Nosso Senhor. Amém.

No final da oração, o catequista impõe as mãos sobre a cabeça de cada catequizando e traça-lhes o sinal da cruz em sua fronte, dizendo:

"...N..., que Cristo cresça em ti, vai em paz, que o Senhor te acompanhe!"

Lembrete

Propomos que os encontros de catequese tenham um período de RECESSO nas próximas semanas. O tempo variará de acordo com o Calendário Litúrgico. Para programar-se pegue o calendário do ano em decurso e veja o dia em que será celebrada a **Solenidade de N.S. Jesus Cristo Rei do Universo**. Na semana que antecede a Solenidade de N.S. Jesus Cristo Rei do Universo deverá ser realizado o 35° encontro. A partir daí, distribua os encontros de trás para frente, até chegar no 25° encontro. O período de semanas livres, que sobraram entre o 24° e o 25° encontro, será o período de recesso da catequese.

25º Encontro

Fazer o que Ele pediu

Palavra inicial: Prezados catequistas, o nosso objetivo com este encontro é mostrar aos catequizandos, que devemos ter atitudes de amor e respeito com o nosso próximo. Devemos amar uns aos outros, assim como Deus nos amou, esse é o pedido que Cristo hoje nos faz.

Preparando o ambiente: Ambão (Mesa da Palavra) com toalha verde, Bíblia, vela e flores. Crucifixo para a reflexão.

Acolhida: O catequista acolhe os catequizandos com essas palavras: *"...N..., Deus é amor!"*

Recordação da vida: Ao redor da Mesa da Palavra ou na Mesa da Partilha, recordar os fatos que marcaram a semana. Depois refletir com os catequizandos sobre a sociedade em que vivemos.

Em nossa sociedade, percebemos muitas situações de sofrimentos, de injustiça. Falta de trabalho, falta de moradia, deficiência no sistema político, no atendimento à saúde, fome, miséria, guerras, perdas de familiares em acidentes de trânsito, impunidades, roubos, drogas. Percebemos que a vida humana está exposta a tanta fragilidade! Podemos perguntar-nos: Como Jesus agiria hoje diante destas situações? E como nós temos agido?

O amor verdadeiro exige proximidade e empenho. Exige um olhar de bondade, ternura e misericórdia de nossa parte. Para amar como Jesus amou, é preciso olhar para suas atitudes e ensinamentos. É o que veremos hoje em nosso encontro.

NA MESA DA PALAVRA

Oração inicial: O catequista invoca o Espírito Santo com a oração "Vinde, Espírito Santo, enchei..." ou com um canto e conclui com a oração que poderá ser repetida pelos catequizandos:

Senhor Jesus, abre nossa mente e nosso coração para aprendermos contigo a ser mais atentos às necessidades dos nossos irmãos que sofrem, e ensina-nos a amá-los como Tu amas. Amém.

Antes da leitura do Evangelho poderá ser entoado um canto de aclamação.

Leitura do texto bíblico: 1Jo 4,7-16.

O catequista lê o texto indicado e em seguida lê novamente, desta vez pausadamente, com destaque em alguns pontos do texto:

"Caríssimos, amemo-nos uns aos outros, porque o amor vem de Deus [...] Se nos amarmos uns aos outros, Deus permanece conosco e seu amor é perfeito em nós..."

Após a leitura, todos se dirigem à Mesa da Partilha.

NA MESA DA PARTILHA

Na Mesa da Partilha contar a história "Como você prova que ama a Deus?", refletindo com os catequizandos que amamos a Deus com os pequenos gestos do nosso dia a dia.

Como você prova que ama a Deus?

– Ai gente, a Dalila, irmãzinha do Estevão, que tava brincando com a gente lá na casa da mãe do Lucas, pediu para eu dar uma prova de que Deus ama a gente. Na hora eu fiquei gelada, com medo de que não conseguisse dizer uma prova. Mas aí, eu disse que Jesus Cristo é a maior prova de amor de Deus por nós!

– Você não podia ter dado um exemplo melhor que esse, Amanda! – disse Pedrinho, contente. O nosso Deus provou pra cada um de nós que ama a gente ao querer que seu Filho Jesus viesse a esse mundo, nos ensinar o caminho do Amor e para que morresse na cruz por nossos pecados.

– Você podia ter falado que Jesus derramou o seu sangue sem pecado na cruz para que a gente pudesse um dia voltar a morar no paraíso criado por Deus! – completou Fernando.

– E depois eu perguntei pra ela: E você, ama a Deus? Ela disse que sim. Aí fiz outra pergunta: E como você prova que ama a Ele?

– Vixe! E o que ela respondeu? – quis saber Fernando.

– Ela gaguejou e não respondeu.

E você, como prova que ama a Deus?

Reconstruir o texto bíblico e a história. Depois refletir conversando sobre: O que Deus é? De quem vem o amor? Qual a prova maior de que Deus nos ama? Como sabemos se amamos a Deus?

Após a conversa, comentar os seguintes aspectos:

- O amor é o centro da vida nutrida em Deus, pois Deus é amor. Se amarmos como Deus nos ama, saberemos que nascemos de Deus. Deus é fonte inesgotável de amor. Um amor recíproco, verdadeiro, comprometedor com a causa da justiça, da paz e do bem.
- Quando nós não amamos, nós desacreditamos da verdade do amor de Deus e da sua gloriosa manifestação através da morte de seu Filho único, que morreu na cruz para nos salvar.
- Deus não desiste nunca de cada um de nós. Ele nos ama sempre. E cada vez que nos desacreditamos de cada ser humano, desacreditamos da capacidade do amor de Deus.
- O amor de Deus supera todas as coisas, vence todas as barreiras, supera todas as limitações. É um amor que vai além, que gera, que forma, que fortalece e capacita a cada um para amar.

Motivar a olhar para Jesus crucificado (mostrar o crucifixo), e entender a grande prova deste amor, e compreendermos que Deus amou tanto o mundo que nos enviou seu próprio Filho para que aprendamos a amar sem limites. Infelizmente, muitos não aprenderam e nem querem aprender. Mas nós, que nos dizemos cristãos, devemos sempre reconhecer que o caminho de todas as coisas é o amor.

Conclusão: Olhando para o crucifixo, fazer um momento de silêncio, pedindo para que os catequizandos reflitam as vezes que não amaram o próximo. Pedir perdão pelas vezes que não respeitaram os pais, os amigos e pelas vezes que desprezaram alguém, achando-se melhor que aquela pessoa. Depois podem ser incentivados a partilhar gestos e atos que devemos ter, que demonstram o amor ao próximo. O catequista então os incentiva a colocá-los em prática no decorrer da semana.

Oração final: Ao redor da Mesa da Palavra, pedir para que façam preces espontâneas pedindo para os doentes e os menos favorecidos. Rezar o Pai-nosso e concluir com a oração:

Deus de amor, Vós que sondastes o íntimo de nosso ser, Vós que conheceis a cada um de nós pelo nome, dá-nos a graça de sermos atentos ao teu Espírito que nos envolve em teu amor, e nos capacita para amarmos e sermos pessoas de corações generosos para reconhecermos em todos o amor que vem de ti. Por Cristo Nosso Senhor. Amém.

No final da oração o catequista impõe as mãos sobre a cabeça de cada catequizando e traça-lhes o sinal da cruz em sua fronte, dizendo:

"...N..., vivei o amor, vai em paz, que o Senhor te acompanhe!"

26º Encontro

Ouvir e seguir a voz do Pastor

Palavra inicial: O objetivo deste encontro é apresentar a pessoa de Jesus Cristo como aquele que dá a vida por seu rebanho. Mas, como ovelhas do rebanho de Cristo, é preciso ouvir sua voz e o seguir, pois só assim estaremos em segurança.

Preparando o ambiente: Ambão (Mesa da Palavra) com toalha verde, Bíblia, flores e vela. Na Mesa da Partilha, imagem do Cristo Bom Pastor. Para a dinâmica, folhas com desenhos de ovelhinhas, algodão ou barbante e cola. Cópias do Sl 22, para distribuir aos catequizandos em cartõezinhos. Algumas frases do Evangelho escritas em cartazes poderão estar espalhadas pela sala, como por exemplo:

"Eu sou o Bom Pastor" (Jo 10,11).

"Eu sou a porta das ovelhas" (Jo 10,7).

"Dou minha vida pelas minhas ovelhas" (Jo 10,15).

"Conheço as minhas ovelhas e as minhas ovelhas conhecem a mim" (Jo 10,14).

"E as ovelhas ouvem a sua voz. Ele chama as ovelhas pelo nome e as conduz a pastagens" (Jo 10,3).

Acolhida: O catequista acolherá os catequizandos na porta, onde poderá saudá-los com uma frase que caracterize o tema do dia, como por exemplo: *"...N..., seja bem-vindo(a) ovelhinha do rebanho de Jesus!"*

Em seguida, entregará o desenho de uma ovelha para cada um e pedirá para que coloquem o seu nome no verso do desenho.

Recordação da vida: Quando todos estiverem ao redor da Mesa da Palavra ou na Mesa da Partilha, o catequista motiva os catequizandos a trazerem presente fatos e acontecimentos que marcaram a semana. O catequista poderá pedir também para que os catequizandos socializem a atividade realizada no *Diário Catequético e Espiritual*.

NA MESA DA PALAVRA

Oração inicial: O catequista motiva o momento de oração, onde poderá ser invocado o Espírito Santo com a oração "Vinde, Espírito Santo, enchei..." ou com um canto. Logo após dirige-se ao ambão e proclama o texto bíblico.

Antes, porém, poderá ser entoado um canto de aclamação ao Evangelho.

Leitura do texto bíblico: Jo 10,1-5.

O catequista lê o texto indicado e em seguida lê novamente, desta vez pausadamente, com destaque em alguns pontos do texto:

"[...] as ovelhas ouvem a sua voz. Ele chama as ovelhas que lhe pertencem pelo nome e as leva para fora [...] vai na frente, e elas o seguem porque conhecem a sua voz. Não seguem o estranho..."

Após a leitura, todos se dirigem à Mesa da Partilha.

NA MESA DA PARTILHA

O catequista reconstrói o texto bíblico com os catequizandos. Algumas perguntas poderão nos ajudar: *O que Jesus está falando sobre Ele mesmo?* (ajudar os catequizandos a recordarem a leitura do

Evangelho – poderá recorrer às frases que estão nos cartazes). *O que Jesus fala sobre nós?* Jesus é o Pastor, conhece cada um de nós pelo nome. Dizer que Jesus nos conhece significa dizer que Ele conhece toda a nossa realidade: na família, na escola, a forma como vivemos com nossos amigos, o que gostamos ou não, os nossos medos, e assim por diante. *Mas que tipo de ovelhinha somos **nós?*** A que ouve e obedece a voz do Pastor ou a que ouve a voz do "estranho", como diz a Palavra? *Quem são os estranhos a quem Jesus se refere?* (trabalhar os contravalores). *Como podemos ouvir a voz de Jesus?* Fazendo o que Ele nos pede amar o próximo como somos amados por Deus (encontro anterior), ouvindo e obedecendo nossos cuidadores, dizendo não ao mal e sim ao bem (trabalhar os valores).

Trabalhar essas questões através do diálogo. Logo após poderá contar a história "Ovelhinhas de Jesus".

Ovelhinhas de Jesus

Pedrinho, Amanda e Fernando ajudavam três crianças a cuidarem de ovelhas, enquanto o pai delas, que era pastor de ovelhas, almoçava. Pedrinho aproveitou para falar de Jesus a Dalila, Demétrio e Hazael.

– Jesus é como o pai de vocês, e a gente, as suas ovelhas. O seu pai deu um nome pra cada uma delas e sabe o nome de todas. Jesus também conhece cada um de nós pelo nome, porque é filho de Deus, e toda a sabedoria divina está com Ele.

– E as ovelhas conhecem a voz do seu pai. A gente também reconhece de longe a voz dos nossos pais. Assim também a gente deve reconhecer as palavras de Jesus, que pede a cada um de nós pra ser bons filhos, boas crianças, que sabem transmitir a todo mundo o amor que Ele veio nos ensinar – completou Amanda.

– E se a gente sabe identificar a voz de Jesus, os estranhos não vão poder influenciar a gente a fazer mal algum! – frisou Fer.

– Por isso, Dalila, Demétrio e Hazael, sejam como as ovelhas que seguem um único pastor: Jesus! Sigam o pastor pelo caminho do bem, jamais o caminho do mal!

Ao final da história comentar que agora que descobrimos que somos ovelhinhas de Jesus, vamos deixar a nossa ovelhinha bem bonita e fofinha, cobrindo-a com lã ou algodão.

Atividade: Cada catequizando poderá decorar a sua ovelhinha e levá-la para casa e colá-la no *Diário Catequético e Espiritual do Catequizando.* O catequista distribuirá o material e orientará os catequizandos. Durante a atividade, pode-se deixar como música de fundo – Sl 22: *Tu és, Senhor, o meu Pastor.*

Conclusão: Os catequizandos levarão a ovelhinha para casa e contarão a história do Bom Pastor para família ou para um colega.

Oração final: Ao redor da Mesa da Palavra, o catequista fará a leitura do Sl 22, enquanto as crianças ouvirão em silêncio. No final, pedirá que todos repitam o versículo que mais gostaram. Depois distribuirá uma cópia do salmo para que os catequizandos levem para casa e possam dar para alguém da família ou colega, após contar a história do Bom Pastor. Concluir com o Pai-nosso e com a oração:

> *Senhor nosso Deus, que conhece cada um de nós pelo nome, fazei que nunca nos dispersemos de seu rebanho e ajudai-nos a estar sempre atento ao seu chamado. Por Cristo Nosso Senhor. Amém.*

No final da oração o catequista impõe as mãos sobre a cabeça de cada catequizando e traça-lhes o sinal da cruz em sua fronte, dizendo:

> *"...N..., ovelha predileta do Pai, vai em paz, que o Senhor te acompanhe!"*

27º Encontro

Bíblia: coleção de livros

Palavra inicial: Neste encontro, queremos apresentar aos catequizandos a Bíblia, como uma grande coleção de livros, ou como cartas que Deus escreve a toda a humanidade. A partir de agora deveremos conhecer e entender sobre a Bíblia, ter uma maior intimidade com a Palavra de Deus.

Preparando o ambiente: Ambão (Mesa da Palavra) com toalha verde, Bíblia, vela e flores. Seria interessante em dois cartazes relacionar o nome de cada livro da Bíblia, dividindo em cada cartaz os livros do Antigo Testamento e do Novo Testamento.

Acolhida: O catequista acolhe os catequizandos com essas palavras: *"...N..., seja bem-vindo, vamos acolher a Palavra de Deus!"*

Recordação da vida: Quando todos tiverem chegado, ao redor da Mesa da Palavra ou na Mesa da Partilha , relembrar os fatos e acontecimentos que marcaram a semana. Depois fazer uma breve partilha de como foi a experiência de contar a história do Bom Pastor e de fazer a leitura do Sl 22.

NA MESA DA PALAVRA

Oração inicial: O catequista invoca o Espírito Santo com a oração "Vinde, Espírito Santo, enchei..." ou com um canto e conclui com a oração que poderá ser repetida pelos catequizandos:

Pai bondoso, nosso Deus. Tua Palavra é uma luz no meu caminho da vida. Que saibamos acolher e amar os ensinamentos da Bíblia para sermos felizes. Que estejamos com os ouvidos bem atentos para escutar tua voz que nos fala por este livro santo. Amém.

Logo depois, dirige-se ao ambão e proclama o texto bíblico.

Leitura do texto bíblico: 2Tm 3,15-17.

O catequista lê o texto indicado e em seguida lê novamente, desta vez pausadamente, com destaque em alguns pontos do texto:

"Desde a infância conheces as Sagradas Escrituras [...] Toda Escritura é inspirada por Deus [...] a fim de que o homem de Deus seja perfeito e capacitado para toda boa obra".

Após a leitura, todos voltam para a Mesa da Partilha.

NA MESA DA PARTILHA

Reconstruir o texto bíblico e refletir:

- Do que fala o texto?
- O que Paulo diz a Timóteo sobre a Bíblia?
- Qual o poder da Bíblia?
- Para que a Bíblia é útil?
- Para que está preparada a pessoa que é de Deus?

Deixar com que os catequizandos falem. Em seguida contar a história "Bíblia: as cartas de Deus", apresentando a Bíblia como Palavra de Deus, que alimenta e sacia a sede do coração do homem.

Bíblia: as cartas de Deus

Nossos amiguinhos tomavam café da manhã na casa de Maria e João, quando Amanda disse:

– Nossa, tô aqui pensando como foi incrível atravessar a grande Bíblia! – disse Amanda.

– Verdade, heim! A gente tá vendo e vivendo tudo aquilo que já lemos na Bíblia! – disse Fer, com a boca cheia de pão.

– Se as pessoas percebessem que a Bíblia é tão útil pra suas vidas, a gente ia ter um mundo muito melhor. Principalmente se todo mundo vivesse o amor que Jesus veio mostrar – disse Pedrinho.

– Uma vez a minha vó disse que a Bíblia é uma carta de Deus pra gente.

– Amanda! Uma carta não, são várias cartas. A Bíblia não é só um livro, mas são vários livros. É como se fosse uma biblioteca.

– Pedrinho! Todo dia de manhã meu pai lê a liturgia diária.

– O que é liturgia diária, Fer?

– Ah, o Pedrinho sabe explicar melhor que eu! Explica aí Pedrinho!

– Liturgia diária são as leituras e o salmo do dia que a nossa Igreja propõe como fonte de água viva.

– Água viva? O que você quis dizer, Pedrinho? – quis saber Amanda.

– Que a gente pode comparar a Bíblia como uma fonte de água. Só que não é só uma água, uma água qualquer. É viva, porque contém a Palavra de Deus.

– Ah, tá, entendi...

Perguntar aos catequizandos se já receberam uma carta ou um cartão (ou um e-mail). A Bíblia também é uma carta: é a carta que Deus mandou para nós. Hoje veremos que a Bíblia é a Palavra de Deus escrita por muitos e para muitos. Refletir dizendo que a palavra Bíblia significa livros. Embora seja um só volume, a Bíblia contém muitos livros; é uma coleção de livros, uma verdadeira biblioteca.

Questionar: Quem sabe como ela foi escrita e quantos livros têm? Quem tem uma Bíblia na sua casa? Geralmente, onde fica a Bíblia na sua casa? Quem a lê?

O catequista então explica que a Sagrada Escritura é também chamada de Bíblia e é formada por dois grandes blocos chamados testamentos: o Antigo e o Novo.

O Antigo Testamento conta a história do povo de Israel, a promessa da vinda de Jesus. O Antigo Testamento é a primeira e a maior parte da Bíblia. É formado por 46 livros.

O Novo Testamento conta a vida de Jesus e das primeiras comunidades cristãs. O Novo Testamento é formado por 27 livros.

Ao todo, a Bíblia é formada por 73 livros. Esses livros comunicam a Palavra de Deus para que o ser humano seja feliz, ame a todos e encontre a fé e a salvação em Jesus Cristo.

O catequista poderá então chamar a atenção dos catequizandos para os dois cartazes e dizer que cada cartaz contém o nome de cada livro contido na Bíblia divididos em Antigo e Novo Testamento. O catequista poderá pedir que os catequizandos leiam os nomes dos livros e, se quiser, poderá contar os livros, fazendo assim com que os catequizandos memorizem melhor o conteúdo.

O catequista prossegue meditando o texto da carta que o Apóstolo Paulo escreveu a um dos seus grandes amigos: Timóteo. É uma carta de amigo, mas que nos ensina muitas coisas. Na carta, Paulo diz para Timóteo recordar que desde criança ele conhece a Bíblia.

Deus se tornou muito próximo de nós para mostrar o seu amor, para que as pessoas soubessem QUEM Ele é, para que o amassem e conhecessem seus ensinamentos. Deus inspirou algumas pessoas para que escrevessem sua carta para nós.

Pela Bíblia, percebemos que Deus é amor. No Antigo Testamento Deus falou para seu povo através de pessoas que Ele escolhia para anunciar seu amor. No Novo Testamento, Deus mesmo falou pelo seu Filho, Jesus Cristo.

A Bíblia é uma coleção de livros, uma biblioteca num único volume. Foi escrita sob a luz da fé, experiências vividas por mulheres e homens em épocas, lugares e situações diferentes. Eram pais e mães de família, gente instruída e gente simples. Muitos não sabiam ler nem escrever, porém contavam e recontavam histórias que tinham ouvido, as quais lembravam, sobretudo, a presença e ação de Deus que caminhava com eles. Nessas experiências, que pouco a pouco passaram a ser registradas por escrito, o povo reconheceu a voz de Deus. Portanto, os livros da Bíblia, são chamados de "Escritos Sagrados" ou Sagrada Escritura, porque foram escritos por inspiração divina.

Conclusão: Procurar, no decorrer da semana, ler a Bíblia com os pais.

Oração final: Ao redor da Mesa da Palavra, pedir aos catequizandos que relembrem os versículos bíblicos que mais gostaram. Logo após rezar o Pai-nosso e concluir com a oração:

Pai santo, nós te agradecemos pela Bíblia, que é a carta que fala do teu amor pela humanidade. Ela é a força que muda a nossa vida, que nos ensina e nos corrige. Mostra a tua bondade para nós, teus filhos. Senhor, nós te pedimos, coloca em nosso coração um grande amor pela Bíblia, tua Palavra. Por Nosso Senhor Jesus Cristo. Amém.

No final da oração o catequista impõe as mãos sobre a cabeça de cada catequizando e traça-lhes o sinal da cruz em sua fronte, dizendo:

"...N..., seja preparado para toda boa obra, vai em paz, que o Senhor te acompanhe!"

28º Encontro

Bíblia: Livro Sagrado

Palavra inicial: Prezado catequista, nesse encontro procuraremos fazer uma experiência do manuseio da Bíblia, ou seja, um encontro bem prático de como manusear o Livro Sagrado.

Preparando o ambiente: Ambão (Mesa da Palavra) com toalha verde, Bíblia, vela e flores. Bíblia para os catequizandos. Os cartazes confeccionados para o encontro passado poderão ser utilizados também neste encontro. Preparar vários pedaços de papéis com citações bíblicas diversas.

Acolhida: O catequista acolhe os catequizandos com essas palavras: *"...N..., escuta o que o Senhor irá falar!"*

Recordação da vida: Quando todos tiverem chegado, ao redor da Mesa da Palavra ou da Mesa da Partilha, relembrar os fatos e acontecimentos que marcaram a semana.

NA MESA DA PALAVRA

Oração inicial: O catequista invoca o Espírito Santo com a oração "Vinde, Espírito Santo, enchei..." ou com um canto e conclui com a oração que poderá ser repetida pelos catequizandos:

Senhor nosso Deus, vos que sois fonte de sabedoria, inspirai-nos para que possamos aprender cada vez mais sobre sua Palavra, e que ela seja para nós uma luz a nos guiar em meio a tantas dificuldades que encontramos pelo caminho.

Em seguida poderá cantar um canto aclamando a Palavra de Deus e o proclama.

Leitura do texto bíblico: Lc 4,16-21.

O catequista lê o texto indicado e em seguida lê novamente, desta vez pausadamente, com destaque em alguns pontos do texto:

"[...] entrou num sábado na sinagoga e se levantou para fazer a leitura. Deram-lhe o livro do Profeta Isaías. Abrindo o livro, deu com a passagem onde se lia: 'O Espírito do Senhor está sobre mim, porque Ele me ungiu para anunciar a Boa-Nova aos pobres [...] Jesus fechou o livro [...]"

Após a leitura, todos voltam para a Mesa da Partilha.

NA MESA DA PARTILHA

Pedir para que os catequizandos reconstruam o texto. Depois fazer uma breve reflexão com as questões: Jesus tinha costume de ir à sinagoga? Jesus conhecia a Palavra de Deus? Quem inspirou Jesus a pronunciar estas palavras?

Aprendendo a manusear a Bíblia

Vamos aprender a usar a Bíblia procurando um texto (distribuir os papéis com citações diversas). Siga os passos abaixo.

1. Nas primeiras páginas da Bíblia encontra-se o nome dos livros e as abreviaturas. Nessa página podemos localizar os livros que são indicados por abreviatura, que não conhecemos. Como por exemplo temos, então, o evangelho segundo Mateus, que se abrevia Mt.

2. Para procurar na Bíblia precisamos saber: o nome do livro, o capítulo e o versículo. Por exemplo: Mt 19,13. Nome do livro (Mateus), capítulo (19), versículo (13).

3. Depois de encontrar o nome do livro, procure o capítulo que se pede. Os capítulos são os números grandes. Procure o número 19, grande, no evangelho segundo Mateus. Temos, então, Mt 19, que se lê: Mateus capítulo 19.

4. Depois de fazer esses passos, procure o versículo que se pede. Os versículos são aqueles números pequenos que se encontram no meio do texto, numerando as frases. Procure, agora, dentro do capítulo 19 do evangelho segundo Mateus, o versículo 13. Temos, assim, Mt 19,13, que se lê: evangelho segundo Mateus, capítulo 19, versículo 13.

5. Quando é Mt 19,13-15, a gente lê do versículo 13 até o versículo 15. O versículo 15 é para ser lido também.

6. A vírgula, na indicação, separa o capítulo dos versículos: Mt 19,13-15.

7. O traço indica a sequência dos versículos. Na indicação acima se lê: evangelho segundo Mateus, capítulo 19, versículos de 13 a 15.

8. O ponto entre números separa versículos soltos. Por exemplo: Tg 1,16-18.22-27. Diz-se: Carta de Tiago, capítulo 1, versículos 16 a 18 e 22 a 27.

9. O ponto e vírgula separa tanto capítulo de capítulo (por exemplo: Mt 5,3; 8,20. Lê-se: evangelho segundo Mateus, capítulo 5, versículo 3 e capítulo 8 versículo 20, como também separa livro de livro, por exemplo: (Mt 5,3; Lc 2,4. Lê-se: evangelho segundo Mateus, capítulo 5, versículo 3; e evangelho segundo Lucas, capítulo 2, versículo 4).

Conclusão: Procurar, durante a semana, ler com os pais a liturgia diária (conjunto de leituras bíblicas diária proposta pela Igreja) como forma de exercitar o manuseio da Bíblia. O catequista poderá entregar uma lista com as passagens bíblicas aos catequizandos para que as reflitam com a família e exercitem o uso da Bíblia.

Oração final: Ao redor da Mesa da Palavra, pedir aos catequizandos que relembrem os versículos bíblicos que mais gostaram. Logo após rezar o Pai-nosso e concluir com a oração:

Senhor nosso Deus, queremos te agradecer por todo ensinamento que tivemos. E te pedimos, ajude-nos a colocar sempre em prática estes ensinamentos, e que eles possam ser para nós um porto seguro em nossa caminhada. Que tua Palavra sempre nos inspire, e nos ajude a caminhar construindo junto o Reino dos Céus. Por Nosso Senhor Jesus Cristo. Amém.

No final da oração o catequista impõe as mãos sobre a cabeça de cada catequizando e traça-lhes o sinal da cruz em sua fronte, dizendo:

"...N..., anuncia a Boa Notícia a todos os povos, que o Senhor te acompanhe!"

Sugestão: Nas semanas seguintes, o catequista poderá organizar uma gincana catequética, como oportunidade de integração e convivência dos catequizandos e familiares que poderão ser convidados, além de uma maneira lúdica, verificar e reforçar o conteúdo trabalhado. Poderá ainda conversar com a coordenação da Pastoral Catequética da paróquia e estender o convite às demais turmas de catequese. Propomos um breve roteiro nos anexos (Ver anexo 4).

29º Encontro

Bodas de Caná

Palavra inicial: Prezados catequistas, a partir deste encontro vamos começar uma série de sete encontros, onde trabalharemos os sete SINAIS presentes no Evangelho de João. Sinais, porque o sinal indica, aponta para uma realidade mais profunda. A cada sinal há sempre uma carência, falta alguma coisa. Neste primeiro sinal (Bodas de Caná), trabalharemos a falta de vinho e a riqueza de símbolos presente nesta passagem.

Preparando o ambiente: Ambão (Mesa da Palavra) com toalha verde, vela, flores e Bíblia. Na Mesa da Partilha ou no centro do círculo com cadeiras: Se possível seis vasos de barro, ou cartaz com a ilustração das Bodas de Caná.

Acolhida: O catequista acolhe os catequizandos dizendo: *"...N..., fazei tudo o que Ele vos disser!"*

Recordação da vida: Ao redor do ambão ou na Mesa da Partilha, já em clima de oração, recordar os acontecimentos que marcaram a comunidade.

NA MESA DA PALAVRA

Oração inicial: O catequista inicia a oração com a invocação do Espírito Santo, com a oração *"Vinde, Espírito Santo, enchei os..."*

Em seguida, convida os catequizandos a aclamarem o Evangelho e o proclama.

Leitura do texto bíblico: Jo 2,1-11.

O catequista lê o texto indicado e em seguida lê novamente, desta vez pausadamente, com destaque em alguns pontos do texto:

> *"[...] Tendo acabado o vinho, a mãe de Jesus lhe disse: 'Eles não têm mais vinho'[...] 'Ainda não chegou a minha hora'. Sua mãe disse aos que estavam servindo: 'Fazei tudo o que Ele vos disser'. Havia ali seis talhas de pedra [...]. Este foi o início dos sinais de Jesus em Caná da Galileia..."*

Após a leitura, todos se dirigem para a Mesa da Partilha.

NA MESA DA PARTILHA

Reconstruir o texto bíblico. Algumas perguntas poderão nos auxiliar: Que festa estava acontecendo? Quem foi convidado? O que faltou na festa? Quem disse que não tinha mais vinho? O que disse Jesus a sua mãe? Quantas talhas de pedra havia? Para que serviam as talhas? Quem encheu as talhas de água? Com este sinal, o que aconteceu com os discípulos? Deixar que falem.

Em seguida contar a história "Jesus é como o vinho que não pode faltar num casamento".

Jesus é como o vinho que não pode faltar num casamento

Nossos amiguinhos participavam de uma festa de casamento. Tinham sido convidados juntamente com Maria e João. Os noivos dançavam no meio de um círculo de pessoas. Maria parecia um pouco triste e se retirou. João e as crianças, preocupados, a seguiram.

– Mãe, a senhora está sentindo alguma coisa? – perguntou João, que chamava Maria de mãe desde o dia em que Jesus disse a ele que cuidasse dela como sua mãe, antes de morrer na cruz.

– Não, João! Estou bem. Só senti saudades do abraço do meu filho Jesus. Eu sei que Ele permanece em nós por meio do Espírito Santo de Deus. Eu apenas me lembrei do dia em que Ele realizou o primeiro milagre.

– Também me lembrei disso.

– Sabem, meus filhinhos... Jesus, João, os outros discípulos e eu estávamos em um casamento lá na cidade de Caná, quando o vinho acabou. Senti muita compaixão dos noivos, pois iriam passar muita vergonha. Pedi, então, ao meu filho Jesus que os ajudassem.

– Só que Jesus disse a nossa mãe que ainda não era a hora de Ele se revelar.

– Mas, meu filho Jesus pediu para os criados encherem as talhas com água. Depois, Ele rezou sobre elas e pediu que bebessem o líquido de dentro das talhas. E, para surpresa de todos, a água havia se transformado em um delicioso vinho. Foi assim que aconteceu o primeiro milagre de Jesus.

– Jesus fez esse milagre porque nossa mãe pediu, ela intercedeu. Nossa mãe Maria teve grande importância nesse primeiro milagre de Jesus. É a mãe que pede ao seu filho Jesus por todos nós, os seus filhos adotivos – completou João.

– Olhem lá, tá todo mundo dançando! – apontou Amanda.

– Vamos dançar também! – disse João, puxando as crianças que puxaram Maria para a dança.

Durante a dança, Maria disse às crianças:

– Eu espero que vocês, meus filhinhos, e todo mundo perceba que sem Jesus em suas vidas todos vivem uma festa de casamento sem vinho. Como num casamento não pode faltar vinho para o nosso povo, em suas vidas não pode faltar Jesus, sua palavra e o seu amor.

Após a história refletir com os catequizandos, pausadamente, a simbologia do relato bíblico, procurando ajudá-los a compreender os seguintes aspectos:

- O autor não deixa claro, mas a festa aconteceu no sexto dia, querendo fazer um paralelo com Gn 1,26.31 onde Deus cria o homem e a mulher no sexto dia. Em Caná o autor quer mostrar que ali nasce uma nova humanidade.
- Etimologicamente "Caná" significa "adquirir". Jesus está adquirindo um novo povo.
- No relato percebemos a ausência da noiva, pois isso significa que a noiva são todos que acreditam em Jesus Cristo, é essa nova humanidade. Jesus é o esposo da humanidade. O matrimônio simboliza a aliança entre Deus e o homem, entre o humano e o divino.
- A aliança com o Antigo Israel está superada, pois as talhas de pedra simbolizam a relação com a primeira criação, uma relação fria, sem vida.
- Em nenhum momento, é citado o nome de Maria, o autor somente diz "a mãe de Jesus", representando todos do Antigo Testamento que dão sua adesão a Cristo.
- Por fim, é-nos feito esse convite: "Façam tudo o que Ele vos disser", é um convite para obedecer aos mandamentos de Jesus, de segui-lo. Os servos são aqueles que põem em prática as ordens de Jesus.
- Hoje, somos chamados a participar dessa grande festa, onde Cristo nos chama e nos convida a segui-lo, colocando em prática tudo o que Ele nos ensinou. Fazemos parte desta nova humanidade.

Conclusão: O catequista motiva os catequizandos a citarem fatos que fazem com que nossa vida seja fria, vazia, "sem vinho" (brigas, violência, medo, fome, drogas, mentiras...). Depois, conclui dizendo que, quando temos Jesus em nosso coração, a vida se enche de sentido e a dor e o sofrimento se tornam mais leves, pois sabemos que Cristo está conosco, ajudando-nos e dando força a cada dia.

Oração final: No final, a catequista os convida a ficar de pé em volta da Mesa da Palavra e fazer preces espontâneas, pedindo pela família, pelos pobres e doentes. Depois, rezar o Pai-nosso e no final conclui com essa oração:

Deus Pai de bondade que conhece a cada um de nós pelo nome, nós te louvamos e te agradecemos por este encontro e por fazermos parte dessa nova humanidade criada por vós. Fazei que nunca falte vinho em nossa vida. Por Nosso Senhor Jesus Cristo, vosso Filho, na unidade do Espírito Santo. Amém.

No final da oração a catequista impõe as mãos sobre a cabeça de cada catequizando e traça-lhes o sinal da cruz em sua fronte, dizendo:

"...N..., vai em paz, que o Senhor te acompanhe! Amém".

Jesus cura o filho do funcionário do rei

Palavra inicial: Querido catequista, neste encontro vamos falar do segundo sinal apresentado pelo Evangelista João. Nesta passagem, onde Jesus cura o filho do funcionário do rei, vemos a ausência da saúde.

Preparando o ambiente: Ambão (Mesa da Palavra) com toalha verde, vela, flores e Bíblia. Na Mesa da Partilha cartaz com a ilustração da passagem da cura do filho do funcionário.

Acolhida: O catequista acolhe os catequizandos, dizendo: *"...N..., seja bem-vindo, servo de Cristo!"*

Recordação da vida: Ao redor da Mesa da Palavra ou na Mesa da Partilha recordar os fatos e acontecimentos que marcaram a semana. O catequista poderá pedir também para que os catequizandos socializem a atividade realizada no *Diário Catequético e Espiritual.*

NA MESA DA PALAVRA

Oração inicial: O catequista inicia a oração invocando o Espírito Santo, com a oração *"Vinde, Espírito Santo, enchei os..."* ou com um canto.

Depois poderá convidar a todos a aclamarem o Santo Evangelho e dirigindo-se até o ambão (Mesa da Palavra), proclama a passagem.

Leitura do texto bíblico: Jo 4,46-54.

O catequista lê o texto indicado e em seguida lê novamente, desta vez pausadamente,

destacando alguns pontos do texto:

"[...] Senhor, desce antes que meu filho morra. Jesus respondeu-lhe: 'Vai, teu filho está passando bem' [...] vieram ao seu encontro os servos, dizendo: Teu filho está passando bem [...]"

Após a leitura todos se dirigem para a Mesa da Partilha.

NA MESA DA PARTILHA

Reconstruir o texto bíblico. Algumas perguntas poderão nos auxiliar: Onde Jesus estava? Quem estava doente? O que fez o homem quando Jesus disse que seu filho estava vivo? Quem veio ao encontro do pai com a boa notícia? Por volta de que horas a febre desapareceu? O que aconteceu com o pai e toda a sua família?

Com os dedoches o catequista conta a história "A vontade de Deus na terra e no céu", mostrando que a salvação é dom de Deus para todos os que se abrem e respondem a esse dom. O funcionário do rei era pagão, mas se abriu e acreditou em Jesus.

A vontade de Deus na terra e no céu

Amanda tinha brincado tanto naquela tarde que mal se deitou na cama e dormiu. Pedrinho e Fer ficaram conversando mais um pouco até o sono chegar. Fernando se lembrou do dia em que Jesus, os apóstolos, e outros discípulos foram, de novo, a Caná da Galileia.

– Foi nessa cidade que Jesus transformou a água em vinho no casamento! – lembrou Pedrinho.

Na cidade havia um oficial do rei, que tinha filho muito doente em Cafarnaum, uma cidade próxima a Caná. E esse guarda, tendo ouvido dizer que Jesus vinha da Judeia para a Galileia, foi ao seu encontrou e pediu que Ele descesse para Cafarnaum, para curar seu filho, que estava à morte.

Então, Jesus lhe disse:

– Se você não vir sinais e prodígios, de modo nenhum vai acreditar.

– Jesus falou isso porque sabia que o oficial não tinha tanta fé assim né, Pedrinho?

– Pois é, Fer. Muita gente pede as coisas a Deus e querem que Ele atenda na hora. Pra você ver como muita gente reza a oração do Pai-nosso sem perceber o que estão dizendo...

– Como assim, Pedrinho?

– Não tem aquela parte que a gente reza: seja feita a vossa vontade, assim na terra como no céu?

– Tem!

– Então! Se a gente diz isso na oração, é porque a gente tem que acreditar que sempre é feita a vontade de Deus. E que tudo só deve acontecer, no céu e na terra, quando Ele quer, e não quando a gente quer.

– Ah... tá! Você tá certo!

E eles continuaram a lembrar:

– Senhor, desce, antes que meu filho morra! – desesperado, pediu o oficial a Jesus.

– Vai pra sua casa! O seu filho está vivo! – disse-lhe Jesus.

O homem acreditou na palavra de Jesus e partiu. Quando o oficial descia, os seus empregados vieram ao seu encontro dizendo-lhe que o seu filho vivia. Então, ele perguntou a eles que hora o seu filho passou a se sentir melhor. Informaram:

– Ontem, por volta das sete horas ele já não tinha mais febre.

Com isto, o pai reconheceu ser precisamente aquela a hora em que Jesus lhe disse para ele ir para casa, pois seu filho vivia. Ao entrar na casa, e contar aos seus parentes, todos passaram a acreditar, a ter fé em Jesus.

– Eu me lembro, Pedrinho, de que este foi o segundo milagre que Jesus fez, depois de vir da Judeia para a Galileia.

– É verdade... tô me lembrando de que foi isso que o João disse pra gente naquele dia em que a gente brincava na casa da Priscila. As outras crianças ficaram todas de olhos arregalados.

– E tomara que, quando eles chegaram nas suas casas, eles tenham contado pros seus pais. Assim, vão estar sendo pequenos discípulos de Jesus.

– Vamos dormir, Fer!? Amanhã a gente acorda cedo pra ir visitar Isabel e Zacarias...

Após a história, refletir com os catequizandos, pausadamente, a simbologia do relato bíblico, procurando ajudá-los a compreender os seguintes aspectos:

- Dando continuidade à simbologia do primeiro sinal, o autor apresenta a cura do filho do funcionário do rei ainda na cidade de Caná, mostrando ainda que Jesus está "adquirindo" uma nova humanidade, "uma esposa".
- Essa passagem se dá também no sexto dia, retomando a nova criação, só que agora com um pagão. O autor quer mostrar que Cristo veio para todos.

- Toda a humanidade é chamada a acreditar e a seguir Jesus. O funcionário real representa todos aqueles que têm o poder nas mãos.
- Vemos no texto que Jesus não obedece o funcionário e não desce com ele. É o funcionário que tem que seguir as ordens de Jesus: "pode ir, seu filho está vivo".
- A vida depende da adesão que se tem a Jesus.
- A cura acontece por meio dos servos, são eles que trazem a Boa Notícia (Evangelho) ao pai do menino.
- As horas também têm um simbolismo muito grande na Bíblia. O texto é escrito após a morte e ressurreição de Jesus. O autor tenta fazer um paralelo com a morte de Jesus. A cura aconteceu a uma hora da tarde, ou seja, a hora em que Cristo estava na cruz, mostrando a sua doação e entrega total à humanidade. A plenitude do seu amor. Jesus no alto da cruz, com sua doação total, cura toda a humanidade.

O catequista reflete, dizendo que, a exemplo dos empregados, sejamos esses anunciadores da Boa Notícia de Jesus Cristo e que, a exemplo do funcionário real, acreditemos que vale a pena seguir o Cristo juntamente com toda nossa família.

Conclusão: O catequista motiva os catequizandos a recordarem pessoas que eles conhecem e que não acreditam em Jesus e no cristianismo. No final rezar para cada uma delas, para que tenham a oportunidade de conhecer o amor de Deus e acolher a Boa Notícia.

Oração final: No final o catequista os convida a ficar de pé em volta da Mesa da Palavra e rezar o Pai-nosso e no final conclui com essa oração:

Deus nosso Pai, fazei que sejamos seus anunciadores, levando a Boa Notícia a todos os que estão desesperados e precisam encontrar conforto em sua Palavra. Por Cristo Nosso Senhor. Amém.

No final da oração o catequista impõe as mãos sobre a cabeça de cada catequizando e traça-lhes o sinal da cruz em sua fronte, dizendo:

"...N..., anunciai a Boa Nova de Cristo, vai em paz, que o Senhor te acompanhe!"

31º Encontro

Jesus cura o paralítico

Palavra inicial: Prezado catequista, neste encontro vamos conhecer o terceiro sinal apresentado pelo Evangelho de João. Neste sinal vamos encontrar não somente um paralítico, mas toda uma população que vive em uma total carência de vida, de dignidade. Queremos mostrar que muitas pessoas não têm ninguém por elas, que são ignoradas pela sociedade e pelos governantes.

Preparando o ambiente: Ambão (Mesa da Palavra) com toalha verde, vela, flores e Bíblia. Na Mesa da Partilha cartaz com a ilustração da passagem da cura do paralítico.

Acolhida: O catequista acolhe carinhosamente os catequizandos, dizendo: *"...N..., seja bem-vindo filho amado do Pai!"*

Recordação da vida: Ao redor da Mesa da Palavra ou na Mesa da Partilha recordar os fatos e acontecimentos que marcaram a semana. O catequista poderá pedir também para que os catequizandos socializem a atividade realizada no *Diário Catequético e Espiritual.*

NA MESA DA PALAVRA

Oração inicial: O catequista inicia a oração invocando o Espírito Santo, com a oração *"Vinde, Espírito Santo, enchei os..."* ou com um canto. Poderá com um canto aclamar o Evangelho e em seguida proclamá-lo.

Leitura do texto bíblico: Jo 5,1-9.

O catequista lê o texto indicado e em seguida lê novamente, desta vez pausadamente, destacando alguns pontos do texto:

> *"[...] Havia um homem que estava doente há trinta e oito anos. [...] disse-lhe: 'Queres ficar curado?' O doente respondeu: 'Senhor, não tenho ninguém..."*

Após a leitura todos dirigem-se para a Mesa da Partilha.

NA MESA DA PARTILHA

Reconstruir o texto bíblico. Algumas perguntas poderão nos auxiliar: Onde o doente estava? Quem costumava ficar ali? O que tinham que fazer para ficar curados? Quantos anos tinha o homem paralítico que foi curado por Jesus? O que o paralítico disse a Jesus quando perguntou se ele queria ficar curado? Deixar com que os catequizandos falem.

Em seguida contar a história – Fazer aquilo que quer que façam a você.

Fazer aquilo que quer que façam a você

Pedrinho, Amanda e Fer estavam na casa de Isabel e Zacarias com Maria, a mãe de Jesus, para passarem alguns dias. Amanda ajudava Isabel e Maria nos afazeres de casa e os meninos ajudavam Zacarias.

Numa tarde, Zacarias chamou Pedrinho e Fernando para irem com ele visitar uns vizinhos que estavam doentes. A maioria passava horas e horas do dia sozinhos e eram pessoas da terceira idade. Fer reclamou, queria ir embora para brincar.

– Ah, Pedrinho! Eu quero ir embora brincar!

– Poxa vida, Fer! O que custa ficar aqui? Veja esses senhores e essas senhoras... a maioria não tem com quem conversar... Eles estão tão felizes da gente estar aqui com eles. Pensa bem e se lembre de que um dia você também vai ficar velhinho...

Fer não reclamou mais. Entendeu muito bem o recado e se lembrou de uma frase de Jesus: Faça aos outros aquilo que você quer que façam a você!

Após a história, refletir com os catequizandos, pausadamente, a simbologia do relato bíblico, procurando ajudá-los a compreender os seguintes aspectos:

- Jesus cura um homem paralítico que se encontrava em uma piscina em Jerusalém chamada em hebraico de Betesda, que significa "lugar da misericórdia divina" ou "casa da misericórdia divina".
- Jesus diz que curou totalmente no dia de sábado. Curar totalmente em dia de sábado significa que houve uma cura plena, não só física. Mas para ter havido uma cura plena, era porque havia uma carência plena. Aqui o paralítico representa toda uma população que vivia num estado de absoluta carência, numa miséria total.
- O Livro do Deuteronômio no capítulo 2,14, diz que 38 anos representa toda uma geração, portanto a idade do paralítico nos quer indicar que toda uma geração nunca viu nada de bom, que vivia numa paralisia total. Ali também funcionavam as escolas superiores dos fariseus, que ensinavam entre outras coisas, segundo a ideologia farisaica, que a miséria do povo era um castigo de Deus, por causa dos seus pecados que o povo cometeu.
- Com certeza essa era uma visão horrorosa, monstruosa de um Deus que pune e castiga. Jesus neste sentido vem e cura disto também, mostrando a bondade e misericórdia de Deus, que não pune, mas que ama.
- Outra coisa interessante descrita no texto é a resposta que o paralítico dá a Jesus. Quando lhe é perguntado se quer ser curado, ele responde que não tem ninguém, que está completamente só. Essa é a situação do povo simples do tempo de Jesus e é a situação de muitas pessoas e de grupos de que vivem em nosso mundo hoje. Não tem ninguém, mostrando a total falta de solidariedade para com os miseráveis.

Conclusão: O catequista motiva os catequizandos a recordarem pessoas e grupos que vivem à margem da sociedade, que são miseráveis e excluídos. Depois, propor como gesto concreto, fazer uma visita a um asilo ou a alguma pastoral social, aqueles que se dedicam a cuidar dos pobres.

Oração final: No final o catequista os convida a ficar de pé em volta da Mesa da Palavra e incentiva os catequizandos a fazer preces em favor dos excluídos e marginalizados e depois a rezar o Pai-nosso e conclui com a oração:

Deus Pai de amor, que não exclui e nem pune ninguém, olhai por todas as pessoas, famílias e grupos que sofrem por causa da marginalização e exclusão. Que nós, como cristãos, saibamos acolher e ajudar a cada uma dessas pessoas, seguindo o teu exemplo de amor. Por Cristo Nosso Senhor. Amém.

No final da oração o catequista impõe as mãos sobre a cabeça de cada catequizando e traça-lhes o sinal da cruz em sua fronte, dizendo:

"...N..., olhai o rosto de Cristo naqueles que mais sofrem; vai em paz, que o Senhor te acompanhe!"

32º Encontro

A partilha dos pães

Palavra inicial: Catequistas, neste encontro vamos falar sobre a passagem bíblica da "partilha dos pães", que é o quarto sinal apresentado pelo Evangelista João. Nesta passagem vamos perceber que a carência aqui se chama "fome", o povo está com fome. Queremos refletir sobre a importância da partilha. Quando todos oferecem o pouco que têm, acontece um grande milagre, onde todos são saciados com fartura.

Preparando o ambiente: Ambão (Mesa da Palavra) com toalha verde, vela, flores e Bíblia. Na Mesa da Partilha cartaz com a ilustração da passagem da partilha dos pães ou uma cesta com cinco pães que poderão ser partilhados no final. Se for conveniente, podem-se levar também os dois peixes, que poderão ser decorativos, feitos em cartolina, E.V.A, isopor ou outras possibilidades.

Acolhida: O catequista acolhe os catequizandos dizendo: *"...N..., Cristo sacia toda fome, seja bem-vindo!"*

Recordação da vida: Ao redor do ambão (Mesa da Palavra) recordar os fatos e acontecimentos que marcaram a semana, bem como pode-se recordar o encontro passado.

NA MESA DA PALAVRA

Oração inicial: O catequista inicia a oração invocando o Espírito Santo, com a oração *"Vinde Espírito Santo, enchei os..."* ou com um canto. Antes de proclamar o texto do Evangelho, poderá ser aclamado com um canto.

Leitura do texto bíblico: Jo 6,1-15.

O catequista lê o texto indicado e em seguida lê novamente, desta vez pausadamente, destacando alguns pontos do texto:

> *"[...] Levantou os olhos e, ao ver a grande multidão que vinha ter com Ele [...] André, irmão de Simão Pedro, disse: 'Está aqui um menino com cinco pães de cevada e dois peixes'. [...] Disse Jesus: 'Fazei todos sentar-se no chão'. [...] Jesus tomou os pães, deu graças e deu-os aos que estavam sentados. Fez o mesmo com os peixes, dando-lhes o quanto queriam..."*

Após a leitura todos se dirigem para a Mesa da Partilha.

NA MESA DA PARTILHA

Reconstruir o texto bíblico. Deixar que os catequizandos recontem o texto bíblico e o catequista procura valorizar cada contribuição. Logo após, conta a história "Repartir para não faltar nada a ninguém", mostrando a importância da partilha.

Repartir para não faltar nada a ninguém

Pedrinho, Amanda e Fernando voltavam com Maria para sua casa, na cidade de Éfeso. Era uma viagem longa. No caminho, encontravam vários viajantes e repartiam a comida e a água que tinham.

– Aprendi com Jesus, Maria, que se todo mundo repartir um pouco do que tem, ninguém vai passar necessidade. Ninguém vai sentir fome, frio, sede...

– É verdade, minha flor! Deus queira que todas as crianças aprendam a fazer isso também. Eu rezo para que todas as pessoas, um dia, possam entender o verdadeiro sentido das palavras do meu Filho. Que o Espírito Santo de Deus nos dê entendimento para isso.

Assim que Maria falou sobre o Espírito Santo de Deus, uma pomba branca sobrevoou sobre eles e uma brisa leve os envolveu.

O catequista medita com os catequizandos a passagem do Evangelho, dizendo que este é um dos mais belos milagres apresentado pelo Evangelho. Existe toda uma simbologia presente que deverá ser refletida cuidadosamente com os catequizandos, como pontuado na sequência:

- Diante de uma multidão que passa fome, que não tem o mínimo para sua sobrevivência, Jesus nos ensina um dos maiores milagres: a partilha.
- Comentar com os catequizandos explorando o que podemos aprender com os acontecimentos narrados no texto bíblico, destacando:
  - Todos os judeus por ocasião da Páscoa tinham o costume de peregrinarem para Jerusalém onde celebravam anualmente no Templo a Páscoa judaica que era uma memória da libertação da escravidão egípcia e a chegada a terra prometida.
  - Porém, Jesus com os seus discípulos e uma grande multidão de excluídos e marginalizados faz um percurso ao contrário; ao invés de irem para Jerusalém, eles saem do território da Palestina. Jesus leva o povo para fora, significando que a "terra prometida" se tornou um novo "Egito" e é preciso "tirar" o povo desta escravidão novamente, assim como Deus fez ordenando a Moisés que tirassem o povo do Egito (Ex 13–15). Portanto, era preciso tirar o povo desta nova escravidão. Por isso Jesus vai para o outro lado do mar, um território pagão, e tudo leva a crer que foi ali que celebrou a Páscoa com o povo sofrido e saciou a sua fome.
  - A primeira preocupação de Jesus quando vê toda a multidão é em como alimentá-la. Jesus provoca os seus discípulos, perguntando a Felipe: "Onde vamos comprar pão para eles comerem?"
  - Os discípulos estavam agarrados a preocupações econômicas, ao preço dos produtos. Até que André, cujo o nome significa "humano", significando que era preciso uma preocupação humana, solidária, para com o povo, apresenta um menino que tem cinco pães e dois peixes e está disposto a repartir, a partilhar o pouco que tem. Essa pessoa disposta a partilhar, com a humanidade de André, é o suficiente para provocar uma reviravolta na fome do povo.
  - Jesus manda o povo sentar-se. Naquela época somente quem era considerado livre podia se sentar para tomar as refeições. Os escravos não se sentavam, se alimentavam de pé. Jesus, porém, manda todos sentarem, mostrando que todos são iguais, que todos eram considerados livres, conscientiza que todos são cidadãos, são gente.
  - É interessante observar que Jesus não agradece ao jovem disposto a partilhar, mas agradece a Deus Pai, faz aquilo que todo pai de família judeu fazia antes de tomar as refeições. Mas, mais que isso, nos remete a Gn 1, onde agradece a Deus Pai, que destinou os bens da criação para todos. A oração de Jesus é uma ação de graças a Deus que distribuiu a todos a sua porção de alimentos. Isso provocou uma mudança radical na fome do povo, todos comeram. Não foi estipulado quantidade para que o povo comece, mas podiam comer até ficar saciados e ainda sobraram doze cestos cheios.

Ao final destacar que no texto lido em profundidade esse sinal nos diz que, quando somos humanos, quando tomamos consciência do que é ser cidadão, quando estamos dispostos a partilhar os bens que Deus concebeu para todos, à semelhança do que fez Jesus, há o suficiente e necessário para todos e ainda sobra.

Conclusão: O catequista motiva os catequizandos a contarem como é feita as refeições em suas casas. Se sempre têm comida o suficiente, se todos sentam juntos à mesa, se sobra muita comida, se deixam sobras no prato e se jogam fora, se rezam antes de comer. Conscientizar da necessidade de não desperdiçar nenhum alimento, pois o que está sobrando em nossos pratos está faltando no prato de alguma pessoa. Pode-se comentar ainda sobre a importância de todos sentarem à mesa juntos para tomarem as refeições e de rezarem antes, agradecendo a Deus pelos dons que Ele nos oferece a cada refeição. Como gesto concreto o catequista poderá pedir aos catequizandos para que preparem pequenas tarjas de papel com as orações para antes das refeições e entreguem aos familiares para rezarem juntos antes de cada refeição. Orientar ainda que no *Diário Catequético e Espiritual do Catequizando* tem vários modelos de orações para as refeições.

Se o catequista optou por levar uma cesta com os cinco pães, os mesmos poderão ser partilhados no final do encontro.

Oração final: No final o catequista os convida a ficar de pé em volta da Mesa da Palavra e rezar o Pai-nosso, e no final conclui com essa oração:

> *Deus nosso Pai, que nos concede a cada dia o alimento necessário para o nosso sustento. Olhai por todas as famílias que não têm pão em suas mesas, ajudai-nos a ser mais humanos e nos conscientizarmos da necessidade de partilhar o pouco que temos. Por Cristo Nosso Senhor. Amém.*

No final da oração o catequista impõe as mãos sobre a cabeça de cada catequizando e traça-lhes o sinal da cruz em sua fronte, dizendo:

> *"...N..., partilhai, a exemplo de Jesus, os dons da criação vai em paz, que o Senhor te acompanhe!"*

33º Encontro

Jesus caminha sobre as águas

Palavra inicial: Prezados catequistas, neste encontro veremos o quinto sinal do Evangelho de João, que é quando Jesus caminha sobre as águas. Neste sinal, não fica tão claro qual é a carência, mas podemos dizer que é a falta de utopia, a falta de esperança. Queremos refletir com os catequizandos que um mundo sem Deus, uma vida sem Jesus Cristo, é um mundo vazio, uma vida cheia de frustrações. Com Jesus, temos esperança, todos os nossos problemas e dificuldades poderão ser superados e poderemos alcançar uma vida plena, onde a Luz de Cristo será sempre a nossa guia, o nosso "norte".

Preparando o ambiente: Ambão (Mesa da Palavra) com toalha verde, vela, flores e Bíblia. Na Mesa da Partilha cartaz com a ilustração da passagem bíblica, onde Jesus caminha sobre as águas.

Acolhida: O catequista acolhe os catequizandos, dizendo: *"...N..., não tenha medo, Cristo está contigo!"*

Recordação da vida: Ao redor da Mesa da Palavra ou na Mesa da Partilha recordar os fatos e acontecimentos que marcaram a semana, bem como recordar como foi o "gesto concreto" proposto pelo encontro anterior.

NA MESA DA PALAVRA

Oração inicial: O catequista inicia a oração invocando o Espírito Santo, com a oração *"Vinde, Espírito Santo, enchei os..."* ou com um canto. Logo após, aclamando o Evangelho, dirige-se até o ambão (Mesa da Palavra) e proclama a leitura.

Leitura do texto bíblico: Jo 6,16-21.

O catequista lê o texto indicado e em seguida lê novamente, desta vez pausadamente, destacando alguns pontos do texto:

"[...] Entraram no barco e dirigiram-se para o outro lado, rumo a Cafarnaum. [...] quando viram Jesus caminhando sobre o mar e aproximar-se do barco. Eles ficaram com medo, mas Jesus lhes disse: 'Sou eu, não tenhais medo!'..."

Após a leitura todos se dirigem para a Mesa da Partilha.

NA MESA DA PARTILHA

Deixar que os catequizandos contem a passagem que acabaram de escutar (reconstruir a passagem bíblica). Logo após, conta a história "É hora de voltar", refletindo que, diante do medo e das tribulações, Jesus afasta o medo e nos dá segurança.

É hora de voltar

Maria, Amanda, Pedrinho e Fernando estavam dentro de uma barca. Eles tinham de atravessar um rio para poder continuar a caminhar até chegarem à casa de Maria e João, em Éfeso. Era de madrugada. Chovia e ventava forte. Maria dormia.

– Tô com medo, Pedrinho!

– Medo, Amanda? Jesus está aqui com a gente por meio do Espírito Santo de Deus! Não precisamos ter medo de nada! – consolou Pedrinho.

– Eu também, às vezes, sinto medo, e acho que o barco vai virar. Mas aí eu me lembro de quando João disse que Ele estava com os outros apóstolos num barco e viram Jesus andando em cima das águas. E Ele disse que não precisava ficar com medo... que Ele estava ali – falou Fernando.

– Eu sei, gente... Mas tem hora que a minha fé fica meio fraca...

– Ah! Isso é normal Amanda! – disse Pedrinho segurando forte uma das mãos de Amanda. Depois pegou a de Fernando e disse: Já passamos tantos dias aqui, com Jesus, com Maria, João e os apóstolos... E Deus nunca abandonou a gente. Tivemos tantas provas disso. E tivemos provas também de que Ele quer que a gente seja pequenos cristos quando voltar pra casa... Não precisa ficar com medo. Vamos rezar?

E os três começaram a rezar a oração do Pai-nosso. De repente, surgiu um anjo que disse que era chegada a hora de voltarem para casa. Que tinham aprendido tudo o que era necessário para que ajudassem outras crianças a também seguirem e serem felizes com Jesus.

– Mas a gente nem vai se despedir de Maria... E de Madalena!?

– Não é preciso, Amanda! Eles não se lembrarão de vocês! – disse o anjo.

– Vou sentir saudades... – disse Fer, triste.

– Deitem-se e durmam. Quando acordarem, estarão de volta... E lembrem-se: ensinem tudo aquilo que aprenderam às outras crianças!

Logo que o anjo partiu, eles se deitaram ao lado de Maria, que continuava a dormir. Cada um deu um beijo no rosto da mãe de Jesus e deitaram de mãos dadas. Assim que eles adormeceram, Maria, de olhos fechados, sorriu.

Após a história o catequista cuidadosamente poderá refletir sobre a simbologia presente na passagem bíblica, comentando:

- Após Jesus saciar a fome de toda aquela multidão, Ele se retira sozinho para a montanha para orar. Diante disso, os discípulos fogem, abandonam Jesus.
- Jesus havia provocado o êxodo, a saída do povo para fora da Palestina; agora os discípulos querem voltar. Querem voltar para a terra onde o povo é escravizado, para onde o povo sofre e passa fome. Essa atitude dos discípulos quer nos lembrar das tentações que o povo hebreu (judeu) teve no tempo da saída da escravidão do Egito. O povo no deserto sofreu a tentação de voltar, aqui também os discípulos altas horas da noite são tentados a voltarem.
- É noite, madrugada, os discípulos estão mergulhados em trevas. As trevas para João não são simplesmente a escuridão, mas simbolizam a falta de esperança, a falta de luz, de vida.
- Notemos que Jesus não entra na barca, pois se entrasse o autor estaria dizendo que Ele estava concordando com a atitude dos discípulos. Mas, ao contrário, Jesus não aprova a travessia que os discípulos estão fazendo, voltando para Carfanaum.
- O fato de Jesus aparecer caminhando sobre as águas significa que Jesus se solidariza com os discípulos diante do medo, da falta de esperança.
- Apesar de estarem querendo voltar para o "Egito", para a escravidão, Jesus vai ao encontro deles e diz: "Não tenham medo, Sou Eu". "Sou Eu" ou "Eu Sou" é uma abreviação do nome de Javé, do nome que Deus se apresentou a Moisés no tempo do Êxodo, quando Moisés estava diante da sarça ardente e Deus disse: "Eu Sou Aquele que Sou". Jesus está se colocando em pé de igualdade com Deus, portanto não há o que temer.

Conclusão: Diante de um mundo atribulado, violento e corrupto somos convidados a nos colocarmos nas mãos de Deus e confiar no seu projeto de salvação. O catequista pode refletir com os catequizandos as diversas realidades onde "fugimos de Deus", onde vamos contra a sua vontade.

Como gesto concreto o catequista motiva os catequizandos a rezarem todas as noites antes de dormir, pedindo que Deus os dê uma noite tranquila e que possam colocar-se sempre a serviço da construção do Reino de Deus. O catequista poderá ensinar a oração do "anjo da guarda" (impressa no *Diário Catequético e Espiritual do Catequizando*), para que os catequizandos rezem todas as noites.

Oração final: No final o catequista os convida a ficar de pé em volta da Mesa da Palavra e fazer preces espontâneas a Deus, pedindo por todos aqueles que vivem sem esperança, que vivem com medo e que sofrem com a doença. Depois pode-se rezar o Pai-nosso e no final conclui com essa oração:

Deus compassivo, que diante das tribulações e sofrimentos Tu possas vir em nosso auxílio, nos ajudando a sempre segui-lo, colocando em prática a sua vontade. Por Cristo Nosso Senhor. Amém.

No final da oração o catequista impõe as mãos sobre a cabeça de cada catequizando e traça-lhes o sinal da cruz em sua fronte, dizendo:

"...N..., confiai sempre no Senhor; vai em paz, que o Senhor te acompanhe!"

34º Encontro

O cego de nascença

Palavra inicial: Caro catequista, hoje neste encontro veremos o penúltimo sinal narrado pelo Evangelista João. Neste sinal é evidente que há uma grande carência, alguém é cego desde o nascimento. Mas lido em profundidade, queremos mostrar que não é cego somente quem não pode ver fisicamente, mas todos aqueles que não reconhecem Jesus como salvador, que não sabem amar e respeitar o próximo, achando-se superiores ou melhores que os demais.

Preparando o ambiente: Ambão (Mesa da Palavra) com toalha verde, vela, flores e Bíblia. Na Mesa da Partilha cartaz com a ilustração da passagem bíblica onde Jesus cura o cego de nascença e uma grande vasilha com água, recordando a água de nosso Batismo, onde fomos lavados e banhados em Cristo.

Acolhida: O catequista acolhe os catequizandos dizendo: *"...N..., Cristo é nossa Luz!"*

Recordação da vida: Ao redor da Mesa da Palavra ou na Mesa da Partilha recordar os fatos e acontecimentos que marcaram a semana, bem como recordar como foi o "gesto concreto" proposto pelo encontro anterior. O catequista poderá pedir também para que os catequizandos socializem a atividade realizada no *Diário Catequético e Espiritual*.

NA MESA DA PALAVRA

Oração inicial: O catequista inicia a oração invocando o Espírito Santo, com a oração *"Vinde, Espírito Santo, enchei os..."* ou com um canto. Em seguida, antes da proclamação do texto bíblico, poderá aclamar o Evangelho com um canto de aclamação.

Leitura do texto bíblico: Jo 9,1-11.

O catequista lê o texto indicado e em seguida lê novamente, desta vez pausadamente, destacando alguns pontos do texto:

"Jesus estava passando e viu um homem que era cego de nascença [...] sou a luz do mundo [...] 'Vai lavar-te na piscina de Siloé' [...] ele mesmo dizia: 'Sou eu, sim' [...] Fui, lavei- me e recuperei a vista."

Após a leitura todos se dirigem para a Mesa da Partilha.

NA MESA DA PARTILHA

Ajudar os catequizandos a reconstruir a passagem bíblica. Logo após o catequista conta a história "É cego quem está longe de Deus", refletindo que, quando estamos longe de Deus, somos como que cegos, que não enxergamos a luz verdadeira que é Cristo, o único que nos dá vida digna e plena.

É cego quem está longe de Deus

Ao acordarem, Pedrinho, Amanda e Fernando perceberam que estavam deitados no chão da igreja, como na mesma noite em que foram parar na época de Jesus. Fernando logo se assustou, pois não enxergava.

– Eu achei que ele fosse deixar de ser cego! – disse Amanda, com lágrimas nos olhos.

E aí, Fernando surpreendeu Pedrinho e Amanda:

– Meus queridos amigos... Eu continuo cego, mas cego pras coisas deste mundo! Eu enxerguei a verdadeira luz que é Jesus! Eu vejo que o único jeito da gente ser feliz, de verdade, é vivendo como irmãos, repartindo tudo o que a gente tem. Foi isso que Jesus veio ensinar. Não vou ficar triste porque não vou ver mais vocês com meus olhos. Mas eu fico contente, feliz, porque vou continuar a ver vocês com os olhos do meu coração! Só quem tá longe de Deus é que pode dizer que é cego...

Pedrinho e Amanda abraçaram forte o amigo. Amanda percebeu que a Bíblia grande tinha sumido da sala escura.

– Não pode ser... Será que a gente sonhou? Cadê a Bíblia?

– Ah, mas a gente ia sonhar o mesmo sonho? – perguntou Fer.

Eles ficaram em silêncio por uns instantes até que resolveram sair daquela sala escura e ver o que tinha acontecido. Logo que saíram no corredor, a catequista Débora apareceu preocupada:

– Gente, depressa, a missa está quase no fim! Por que demoraram tanto pra beber essa água?

E eles seguiram a catequista sem dizerem nada. E como era o combinado, apresentaram o teatrinho onde Amanda interpretou Maria; Pedrinho interpretou José; e Fernando interpretou um dos três reis magos.

E os três se desejaram um Feliz Natal na porta da igreja e combinaram de se verem e brincar juntos no outro dia.

Após a história o catequista cuidadosamente poderá refletir sobre a simbologia presente na passagem bíblica, destacando os seguintes aspectos:

- O texto lido em profundidade nos revela que a cegueira dessa pessoa é todos os tipos de cegueira do povo, não só a cegueira física, mas também sobretudo a manipulação ideológica. Um povo que ainda hoje é manipulado, enganado por aqueles que estão no poder, que os iludem com falsas promessas. O dinheiro, a fama, o consumismo, o poder, tudo isso são cegueiras que estão no coração do homem.
- Esse episódio situa-se dentro de um contexto mais amplo que é a "Festa das Tendas", que é iniciada no capítulo 7 de João. Durante esta festa acendiam-se grandes tochas na explanada do Templo de Jerusalém, de modo que os pátios ficavam bem-iluminados durante a noite. Com esse episódio Jesus joga com as imagens de luz e trevas, para mostrar que tipo de iluminação recebe esse cego de nascença. "Enquanto é dia temos que realizar as obras de Deus, pois vem a noite quando não se pode fazer mais nada". A vida do cego é iluminada pelo próprio Deus, aquele que é a Luz verdadeira. É interessante notar, por exemplo, a situação que estava, em que vivia esse cego. Como cego dependia de esmolas, sua situação social era precária, há uma carência muito grande.
- Do ponto de vista religioso, a situação do cego era talvez pior, porque, de acordo com a ideologia dos fariseus, as pessoas podiam pecar contra Deus ainda no seio materno e serem simplesmente punidas. Essa era a explicação que davam para ele ter nascido cego, é uma visão monstruosa de Deus. Por isso os discípulos perguntavam: "Quem pecou para que nascesse cego, ele ou seus pais?" E Jesus arrasa com essa ideologia, dizendo que "nem ele, nem seus pais pecaram, mas isso está aí para que se manifeste a obra de Deus".
- Jesus quando faz o barro o unge, manda ir lavar na piscina de Siloé. Essa palavra significa "enviado". Quando nos lavamos em Jesus nossa cegueira desaparece, voltamos a enxergar. Todavia

começa para o cego que enxerga uma trajetória incrível de testemunho, conflitos e riscos. Quando enxergamos e conhecemos Cristo somos enviados a testemunhar e a doar-se totalmente pelo seu projeto de amor e salvação.

- O cego que voltou a enxergar teve que testemunhar para os seus vizinhos, para as autoridades o seu encontro pessoal que teve com Jesus, a contar como foi. Por isso assumimos riscos também, a ponto de sermos caçoados e ridicularizados por causa de Jesus.

Conclusão: O catequista mostra a grande bacia com água, onde pode fazer um paralelo com o batismo, dizendo que, quando somos batizados, somos banhados em Cristo, que nos dá uma vida nova. Depois pode convidar os catequizandos a molhar suas mãos e os olhos na água da bacia, como que reassumindo o seu compromisso de testemunhar e anunciar Jesus Cristo a todos os povos.

Oração final: No final o catequista os convida a ficar de pé em volta da Mesa da Palavra e a rezar o Pai-nosso, e no final conclui com esta oração:

Pai de Bondade e Luz verdadeira, olhai por cada um de nós, reunidos em teu nome, fazei que a cada dia reafirmarmos o nosso compromisso de testemunhá-lo e anunciá-lo a todas as pessoas, ajudai-nos a ser sal e luz para este mundo que vive cego, por não enxergar o seu plano de amor e salvação. Por Cristo Nosso Senhor. Amém.

No final da oração o catequista impõe as mãos sobre a cabeça de cada catequizando e traça-lhes o sinal da cruz em sua fronte, dizendo:

"...N..., lavado em Cristo, vai em paz, que o Senhor te acompanhe!"

35º Encontro

A ressurreição de Lázaro

Palavra inicial: Catequistas, no encontro de hoje vamos falar sobre a passagem bíblica da ressurreição de Lázaro, que é o sétimo e último sinal apresentado pelo Evangelista João. Nesta passagem vemos o ponto alto dos sete sinais. É o sinal em que encontramos a maior carência, é uma carência total, absoluta: a Vida. Queremos refletir com os catequizandos que só Cristo pode nos dar vida em plenitude, em abundância. O mundo nos oferece muitas coisas que passam que não nos preenche. Só Deus pode suprir nossas carências e necessidades.

Preparando o ambiente: Ambão (Mesa da Palavra) com toalha verde, vela, flores e Bíblia. Na Mesa da Partilha cartaz com a ilustração da passagem bíblica da ressurreição de Lázaro.

Acolhida: O catequista acolhe os catequizandos dizendo: *"...N..., só Cristo nos dá vida em abundância!"*

Recordação da vida: Ao redor da Mesa da Palavra ou na Mesa da Partilha recordar os fatos e acontecimentos que marcaram a semana, bem como pode-se recordar o encontro passado.

NA MESA DA PALAVRA

Oração inicial: O catequista inicia a oração invocando o Espírito Santo, com a oração *"Vinde, Espírito Santo, enchei os..."* ou com um canto. Antes de proclamar o Evangelho, poderá ser entoado um canto de aclamação.

Leitura do texto bíblico: Jo 11,17-44.

O catequista lê o texto indicado e em seguida lê novamente, desta vez pausadamente, destacando alguns pontos do texto:

> *"[...] Já fazia quatro dias que Lázaro estava no túmulo. [...] Jesus lhe disse: 'Eu sou a ressurreição e a vida.' [...] 'Sim, Senhor – respondeu ela – creio que és o Cristo, o Filho de Deus, que devia vir a este mundo.' [...] O morto saiu com os pés e as mãos atados com faixas e o rosto envolto num sudário. Jesus ordenou: 'Desatai-o e deixai-o andar".*

Após a leitura todos se dirigem para a Mesa da Partilha.

NA MESA DA PARTILHA

Reconstruir o texto bíblico. Deixar que os catequizandos falem sobre o texto proclamado e o catequista procura valorizar cada contribuição. Logo após, conta a história "A grande Bíblia, outra vez", mostrando a importância de se acreditar em Jesus e ter fé nele.

A grande Bíblia, outra vez

Após o Natal, Amanda, Pedrinho e Fernando se encontraram para brincar e conversarem sobre tudo o que tinham passado.

– Vocês contaram pros seus pais? – quis saber Amanda.

– Eu contei, mas não acreditaram... Disseram que o susto do escuro me fez imaginar essas coisas – disse Fer, triste.

– Eu também contei pra minha mãe e o meu padrasto, e eles disseram que sonhei...

– A minha mãe e a minha vó disseram a mesma coisa, Pedrinho!

– Ninguém vai acreditar na gente!

– Acho que é verdade o que o Fer disse. Ninguém vai acreditar que a gente foi parar lá na época de Jesus e que a gente viveu tudo lá...

– É! Mas não importa. A gente deve seguir anunciando pelo menos as coisas que a gente aprendeu lá com Jesus. A gente não precisa dizer que a gente esteve lá. Basta a gente dizer o que cada um pode viver agora com Jesus. As palavras de Jesus continuam vivas.

– Vivas de que jeito, Pedrinho?

– Uai Fer, se a gente viver tudo o que Ele disse sobre Deus, se a gente amar a pessoa que está do nosso lado como a gente se ama, essa palavra se torna viva. Seria morta se ninguém mais se preocupasse em vivê-la.

– E agora, o que a gente vai fazer, então? – perguntou Amanda.

– A gente vai ser pequenos cristos, pequenos discípulos, e vamos falar de Jesus pra todas as crianças! E pros adultos também, por que não? Vamos dizer que Jesus prometeu voltar e que a gente tem que tá preparado pra esse dia, pois Ele vai perguntar se a gente viveu o Amor, ou não.

E vinte anos depois na véspera de Natal...

Amanda era casada com Leonardo e tinha uma filha, Isabel. Amanda era, naquele ano, a catequista responsável pela encenação do nascimento de Jesus e preparava seus catequizandos atrás da sacristia. Chegou Fernando, que era casado com Dora, trazendo os filhos gêmeos, Otávio e Leandro. Fernando havia se tornado músico e era vocalista de uma banda de música católica. E ele também cantava nas missas da paróquia. Amanda deu um forte abraço no amigo, em Dora, e nos gêmeos.

Otávio seria José, e Leandro seria o Anjo Gabriel. Dora, depois de ajudar os filhos a se trocarem, foi se preparar para proclamar a primeira leitura. Isabel, a filha de Amanda, seria como a mãe foi um dia, a mãe de Jesus, Maria. Ela, que era amiguinha dos gêmeos, disse a eles:

– Ai gente, tô com medo de esquecer as minhas falas! – disse Isabel.

– Eu também! – disse Leandro.

– Relaxem! A gente reza antes de começar e, com a ajuda do Espírito Santo, a gente não vai esquecer nada.

– E aí criançada! E aí Amanda, tá tudo pronto?

– Ah... Oi padre! Tá quase! Mas tô tão nervosa como há vinte anos! – respondeu Amanda ao amigo de infância, Pedrinho, que agora era o padre da paróquia. Amanda, Fernando e o Padre Pedro se cumprimentaram com um forte abraço. Eles ainda eram grandes amigos.

– Nem dá pra acreditar que hoje está completando vinte anos, heim! – disse o padre aos dois amigos.

– Pois, é Padre Pedro! Vinte anos da nossa viagem... da nossa aventura no tempo de Jesus.

– Mamãe! – chamou Isabel – Tô com sede!

– A gente leva ela pra beber água, tia! – disse Otávio – O Leandro também disse que tá com sede.

– Pode deixar que eu os levo para beber água. Prometo que não vamos demorar, Amanda! – disse o padre.

– E pelo amor de Deus, cuidado para não tropeçarem nas latas de tintas, certo? Ah! Até parece que já vi essa história! – disse Amanda.

– É padre! Não vão encontrar nenhuma Bíblia pelo caminho, heim! – brincou Fer.

– Hahaha! Pode deixar, Fernando!

Como há vinte anos, aquela véspera de Natal também era chuvosa. Relampejava e trovejava, muito. Só que naquele ano a igreja não estava em reforma, apenas estava recebendo uma nova pintura. De repente, eles se assustaram com um forte relâmpago e tropeçaram em latas de tintas. O Padre Pedro e as crianças caíram numa sala escura.

– Você se machucou Isabel? – perguntou Otávio.

Isabel respondeu que não enquanto se assentava no chão rindo. Leandro ficou preocupado se a sua túnica branca não tinha se sujado, ou se a asinha não tinha quebrado, já que seria o Anjo Gabriel. O Padre Pedro estava caído no chão e não se mexia. Os três ficaram preocupados e começaram a chamar o padre que não respondia.

– Otávio! A gente precisa chamar alguém pra ajudar o padre! – disse Leandro.

– Gente, olha só o tamanho daquele livro! – exclamou Otávio ao ver, com a ajuda dos relâmpagos, um livro muito grande, maior que eles, encostado à parede.

– Nossa! Parece uma Bíblia gigante! – disse Isabel.

Seria agora a vez de Isabel, Otávio e Leandro atravessarem a grande Bíblia?

O catequista reflete pausada e cuidadosamente o simbolismo presente neste texto:

- A carência aqui é total e absoluta, não há mais vida: Já faziam quatro dias que Lázaro estava morto. Até o terceiro dia, ainda se tinha esperança de que a pessoa reanimasse. Mas no quarto dia, o corpo já começava a se decompor, consequentemente tornava-se irreversível recuperar a vida.
- Diante da falta de vida, da falta de esperança, aparece Jesus como Vida em plenitude e esperança para além das expectativas.
- É preciso entender a relação entre Jesus, Lázaro, Marta e Maria, que é a relação da comunidade cristã. Lázaro, Marta e Maria são irmãos, isso revela como eram as comunidades joaninas. Eram comunidades fraternas, um único *status*, todos irmãos uns dos outros. E o texto diz que Jesus amava Lázaro, Marta e Maria. Fraternidade e amor, as únicas coisas que valem.
- A morte aqui é entendida de duas maneiras. Para Jesus a morte é um sono ("o nosso amigo Lázaro adormeceu"), da qual a gente desperta. Já os discípulos viam como uma tragédia irreversível ("vamos nós também para morrer com ele").
- A atitude que transforma o irreversível se chama AMOR. Quando Jesus chora por Lázaro e dizem: "Vê como ele o amava, como se fosse coisa do passado". Mas o amor de Jesus por Lázaro não morre, por não morrer tem uma força incrível para restabelecer a vida e fazer com que Lázaro saia.
- Há um caminho de fé percorrido pelas irmãs. Jesus conversando com Marta, a convida a dar um passo de qualidade na fé na ressurreição, não acreditando só na ressurreição do final dos tempos, mas crer em Jesus que é a ressurreição e a vida. Quando ela confessa isso, torna-se missionária, evangelizadora, ou seja, portadora da Boa Notícia. Tanto é verdade que ela vai para casa e chama Maria e conduz até Jesus.
- Maria, por outro lado, também torna-se missionária, pois, quando vai ao encontro de Jesus, leva consigo todos os que estão na sua casa ("foram atrás dela, pensando que ela ia no túmulo para aí chorar).
- Na casa de Marta e Maria só havia tristeza, desespero, e, saindo dessa casa, muitos acreditaram em Jesus.
- A única diferença entre a ressurreição de Lázaro e a ressurreição de Jesus é que Lázaro ressuscita ainda com amarras, ele voltará a morrer. Jesus, quando ressuscita, não ressuscita com amarras, pois sua ressurreição é definitiva. A vitória de Jesus sobre a morte é irreversível. Jesus também dá uma tarefa às pessoas, pedindo que desamarrem Lázaro e deixe-o sair.

Comentar com os catequizandos que nós, em nossa vida de cristãos, somos convidados a ajudar as pessoas a se desamarrarem, a se soltarem de suas amarras que as impedem de ter mais vida. De alguma forma a ressurreição de Lázaro e de algumas pessoas é incompleta se não dermos nossa contribuição.

Conclusão: Os sete sinais de João, juntamente com todo o seu Evangelho, foram escritos com a finalidade de despertar o compromisso da fé que leva a experimentar a vida trazida por Jesus. Muitos outros sinais foram realizados. Em João contém somente alguns "sinais" que foram escritos "para que vocês acreditem que Jesus é o Messias, o Filho de Deus. E para que, acreditando, vocês tenham a vida em seu nome" (Jo 20,31).

O catequista interroga cada catequizando perguntando se realmente acreditam em Jesus, único que nos pode dar vida plena e se estão dispostos a segui-lo. Diz que o sim que damos a cada dia nos insere em uma comunidade fraterna, mas que muitas vezes sofre com o egoísmo e a falta de caridade. Ali seremos convidados a testemunhar o grande amor que Deus tem por nós.

Por fim o catequista diz que estão chegando ao final da conclusão desta primeira etapa e que nos próximos encontros eles irão se preparar para dizer publicamente o seu sim ao seguimento de Jesus Cristo perante a comunidade durante uma celebração.

Oração final: No final o catequista os convida a ficar de pé em volta da Mesa da Palavra e rezar o Pai-nosso e no final conclui com essa oração:

> *Pai Santo, que devolveis a vida a todo aquele que crê e professa que Jesus é o Senhor. Ajudai-nos a viver como comunidade fraterna, comunidade de amor. Por Cristo Nosso Senhor. Amém.*

No final da oração o catequista impõe as mãos sobre a cabeça de cada catequizando e traça-lhes o sinal da cruz em sua fronte, dizendo:

> *"...N..., testemunhai sua fé no Cristo que é verdade e vida, vai em paz, que o Senhor te acompanhe!"*

36º Encontro

Preparando a celebração 1

Palavra inicial: Caríssimo catequista, estamos encerrando a primeira etapa da catequese. Neste encontro queremos preparar os catequizandos para a "celebração de inscrição do nome e entrega do Livro Sagrado". Seria importante já ter lido e ter em mente todo o desenrolar da celebração.

Preparando o ambiente: Ambão (Mesa da Palavra) com toalha verde, Bíblia, vela e flores. Na Mesa da Partilha o "Livro de registro dos catequizandos" (caderno ou livro estilo 'livro ata", onde serão registrados os nomes dos catequizandos) e insígnias (cordão com cruz ou crucifixo) que serão entregues no dia da celebração.

Acolhida: O catequista acolhe os catequizandos traçando-lhes o sinal da cruz em sua fronte e dizendo: *"...N..., Jesus hoje te pergunta: Você me ama? Seja bom discípulo e testemunha de Cristo!"*

Recordação da vida: Quando todos estiverem ao redor da Mesa da Palavra ou na Mesa da Partilha, o catequista os incentiva a trazer presente fatos e acontecimentos que marcaram a semana.

NA MESA DA PALAVRA

Oração inicial: O catequista invoca o Espírito Santo com uma oração ou canto à escolha. Logo após dirige-se à Mesa da Palavra e proclama o texto indicado.

Em seguida, antes da proclamação do texto bíblico, poderá aclamar o Evangelho.

Leitura do texto bíblico: Jo 21,17-19.

O catequista lê o texto indicado e em seguida lê novamente, desta vez pausadamente, destacando alguns pontos do texto:

> *"Pela terceira vez Jesus perguntou: 'Simão, filho de João, tu me amas?' [...] 'Senhor, Tu sabes tudo; sabes que te amo.' [...] Disse-lhe Jesus: 'Apascenta as minhas ovelhas. Na verdade eu te digo: quando eras jovem, tu te vestias para ir aonde querias; quando envelheceres, estenderás as mãos, e será outro que as amarrará e te levará para onde não queres'. [...] Segue-me ".*

Após a leitura todos dirigem-se para a Mesa da Partilha.

NA MESA DA PARTILHA

Reconstruir o texto. À medida que os catequizandos forem falando, refletir:

- Jesus perguntou três vezes a Pedro se ele o amava. E a nós, quantas vezes Jesus perguntará? Ao longo de nossa vida, principalmente em nossa juventude, vamos precisar fazer escolhas entre aceitar ou não a usar drogas, entre aceitar ou não a roubar, entre aceitar ou não a obedecer os nossos pais, entre aceitar ou não a participar da vida de comunidade... é com nossas escolhas que responderemos a pergunta de Jesus.
- Jesus conhece o coração de cada um de nós, porém é preciso que nós mesmos o conheçamos. As perguntas e desafios da vida são momentos oportunos para reflexão e crescimento pessoal.
- A cada passo que damos em nossa fé, Cristo nos confia cada vez mais responsabilidades. Hoje somos escolhidos a levar adiante o anúncio do Evangelho. Deus nos confia muitas ovelhas: família, amigos, vizinhos...

- À medida que conhecemos a Cristo e damos o nosso sim, não podemos mais ser como antes, vamos amadurecendo e precisamos dar testemunho da nossa fé. Muitas vezes vamos ser convidados a deixar muitas coisas que gostamos de fazer, para seguir a Jesus. Abandonemo-nos nas mãos de Jesus e deixemos que Ele nos conduza.
- Na "celebração de inscrição do nome e entrega do Livro", vamos ser convidados a dar o nosso sim a Jesus e fazer um caminho de amadurecimento da fé. Como batizados ou futuro batizados, teremos nossos nomes inscritos no "Livros dos catequizandos", receberemos a Palavra de Deus e uma insígnia, como sinal de nossa adesão, de nosso "sim" ao projeto de Deus. Essa atitude perante a comunidade é uma aceitação ao convite de Cristo. "*Siga-me*".

No final da reflexão, explicar a celebração, bem como sua importância e seu significado.

Poderá também fazer um rápido ensaio: procissão de entrada, onde vão sentar, o que vão responder, mostrar o "Livro de registro dos catequizandos" e explicar seu significado, o momento de receber a insígnia (cordão com cruz ou crucifixo) e a Bíblia.

Ainda poderá ser marcado um ensaio para os cantos.

Lembrar que o encontro da próxima semana é uma reunião com os pais e padrinhos de Batismo. Nesta reunião deverá ser refletido sobre a importância e significado da celebração. Explicar passo a passo o desenrolar dos ritos e distribuir algumas funções como veremos nas orientações do próximo encontro.

Conclusão: No decorrer da semana lembrar os pais e padrinhos de Batismo da reunião da próxima semana, comparecer aos ensaios e convidar os amigos e parentes para participarem da celebração.

Oração final: Ao redor da Mesa da Palavra, de mãos dadas, rezar o Pai-nosso. O catequista conclui com a oração:

Deus Pai de bondade, concedei-nos a graça de responder sim a suas perguntas ao longo de toda nossa vida. Que saibamos acolher a sua Palavra e colocá-la em prática. Por Nosso Senhor Jesus Cristo, vosso Filho, na unidade do Espírito Santo. Amém.

No final da oração o catequista impõe as mãos sobre a cabeça de cada catequizando e traça-lhes o sinal da cruz em sua fronte, dizendo:

"...N... segue o Cristo, vai em paz, que o Senhor te acompanhe! Amém".

37º Encontro

Preparando a celebração 2

Com os pais e padrinhos de Batismo

(Encontro a ser realizado na semana que antecede a SOLENIDADE N.S. JESUS CRISTO REI DO UNIVERSO)

Palavra inicial: Prezados catequistas, nesta reunião queremos apresentar aos pais e padrinhos de batismo uma visão geral de como será a "celebração de inscrição do nome e entrega do Livro Sagrado". Primeiramente uma reflexão sobre a importância e significado e depois o desenrolar dos ritos.

Preparando o ambiente: O espaço para a reunião poderá ser outra sala, mais ampla, para acomodar todos os participantes. Nesta sala ambão (Mesa da Palavra) com toalha verde, Bíblia, vela e flores. Em uma mesa: "Livro de registro dos catequizandos", insígnias (cordão com cruz ou crucifixo) e bíblias que serão entregues no dia da celebração. Cópias com o roteiro da celebração.

Acolhida: O catequista acolhe os pais e padrinhos, dando-lhes boas-vindas e explicando o motivo da reunião. Logo após convida a todos a ficarem de pé e fazerem uma breve oração.

Oração inicial: Pode-se invocar o Espírito Santo com a oração "Vinde, Espírito Santo, enchei..."

Orientações para a reunião:

- Primeiramente agradecer a presença dos pais e padrinhos e pedir para que se apresentem e se são pais ou padrinhos.
- Introduzir com uma breve explicação sobre o Tempo Litúrgico, principalmente o significado da solenidade de "Cristo-Rei" (se a celebração acontecer nessa data).
- O catequista faz uma breve reflexão sobre a importância e o significado da celebração.
- Depois distribui o roteiro da celebração e explica passo a passo todo o desenrolar dos ritos.
- Orientá-los da importância de se rezar em família e de incentivar a leitura bíblica com os filhos.
- Poderá distribuir algumas funções como leitores dos textos bíblicos, oração da assembleia, apresentação das oferendas.
- Orientar para que as fotos e filmagens sejam discretas e não atrapalhem a participação da assembleia.
- Hora e local, chegar com antecedência.

Oração final: O catequista convida a todos a rezar o Pai-nosso e logo depois, de braços abertos, conclui com a oração:

Deus Pai de bondade, fazei que estes pais e padrinhos possam ser verdadeiros exemplos de sua Palavra aos seus filhos e afilhados. Que eles sejam um suporte no amadurecimento cristão daqueles que lhes foram confiados. Que tenham êxito na sua missão de introduzir as crianças na fé cristã através do testemunho, diálogo e vivência comunitária. Tudo isso te pedimos por Cristo Nosso Senhor. Amém.

Ide em paz, que o Senhor vos acompanhe!

Celebração de inscrição do nome e entrega do Livro Sagrado

Palavra inicial: Esta celebração tem o objetivo de apresentar a toda a comunidade os catequizandos que concluíram a primeira etapa, chamando a atenção para a grande importância desse processo para a vida da Igreja, bem como entregar-lhes a insígnia da cruz de Cristo (sinal de sua adesão à catequese) e o Livro Sagrado. Aconselhamos que essa celebração aconteça na Solenidade de N.S. Jesus Cristo, Rei do Universo. Porém, por motivos pastorais, pode ocorrer num outro dia.

Preparando o ambiente: Livro grande (caderno ou livro estilo "livro ata", onde serão registrados os nomes dos catequizandos) com o nome de todos os catequizandos (menos os nomes dos não batizados), em destaque. Bíblias e insígnias (cordão com cruz ou crucifixo) para todos os catequizandos. Reservar bancos para os catequizandos e padrinhos.

Procissão inicial: Os catequizandos e padrinhos de Batismo participam da procissão inicial. Pode-se levar ainda a imagem de Cristo Rei, livro grande com os nomes dos catequizandos e as insígnias.

Saudação inicial: O presidente acolhe os catequizandos, familiares e padrinhos.

(tudo segue como de costume, até a homilia)

Rito de apresentação e acolhida dos novos catequizandos

Após a proclamação do Evangelho, o diácono ou na falta dele o catequista, pega o livro solenemente com os nomes dos catequizandos e chama-os cada um pelo nome.

Diácono: *Queiram aproximar-se os que estão com os nomes inscritos no livro dos catequizandos e que serão acolhidos na segunda etapa do processo catequético:* (lê-se do livro os nomes) ...N..., ...N...

Cada um responde individualmente: *Presente!*

(ou todos juntos, se forem muitos)

Se tiver alguns catequizandos que não tenham sido batizados, seus nomes são inscritos no livro conforme rito abaixo:

Diácono: *Serão inscritos ainda os nomes daqueles que receberão o Batismo no decorrer do processo catequético portanto, aproximem-se aqueles que se banharão na fonte das águas batismais. ...N..., ...N...*

Os candidatos se aproximam e respondem *presente!* Depois acompanham o diácono ou o catequista até o altar onde o presidente (padre) da celebração inscreverá o nome de cada um no livro dos catequizandos.

(homilia)

Após a homilia o presidente prossegue com a entrega da insígnia e da Bíblia:

Podem se aproximar um de cada vez ou, se forem muitos, fazem uma fila um ao lado do outro e o presidente impõe sobre cada um a insígnia, dizendo:

...N..., recebe a insígnia da cruz de Cristo, sinal da sua adesão no caminho do discipulado.

Catequizando responde: *Amém.*

...N..., recebe este Livro Sagrado, da Palavra de Deus, que ela frutifique cada vez mais no seu coração.

Catequizando responde: *Amém.*

Todos retornam aos seus lugares e a missa prossegue como de costume até o seu final.

Preces: Podem-se acrescentar algumas das orações na momento da oração da assembleia:

- Para que esses catequizandos meditem em seu coração a Palavra de Deus, saboreando-a cada vez mais intensamente, roguemos ao Senhor.
- Para que os catequizandos, confiando na palavra de Cristo, vivam na liberdade dos filhos de Deus, roguemos ao Senhor.
- Para que esses catequizandos, contemplando a sabedoria da cruz, possam gloriar-se em Deus, que confunde a sabedoria deste mundo, roguemos ao Senhor.
- Para que o Espírito Santo, que sonda os corações de todos, fortifique com sua força divina esses catequizandos e lhes ensine as coisas que são de Deus e a Ele agradam, roguemos ao Senhor.
- Para que a família desses novos catequizandos coloquem sua esperança em Cristo e nele encontrem paz e santidade, roguemos ao Senhor.
- Para que as famílias e os povos impedidos de abraçar a fé tenham a liberdade de crer no Evangelho, roguemos ao Senhor.
- Senhor, fortaleça e ilumine todos os padrinhos de Batismo em sua missão de introduzir seus afilhados na fé cristã, roguemos ao Senhor.

II Parte

Anexos

A seguir apresentamos uma série de artigos sobre o Ano Litúrgico, para aprendizado e aprofundamento do catequista, tendo em vista que os encontros estão profundamente relacionados com cada tempo do Calendário Litúrgico. Entendê-lo é de fundamental importância. O catequista, portanto, encontrará um gráfico ilustrando a divisão do Ano Litúrgico e seis artigos abordando cada tempo do calendário da Igreja.

Ainda nos anexos, o catequista encontrará sugestão de molde para confeccionar os dedoches dos principais personagens das histórias, bem como molde da flor a ser usado na dinâmica do 5º encontro e sugestão de uma gincana catequética.

Ano Litúrgico

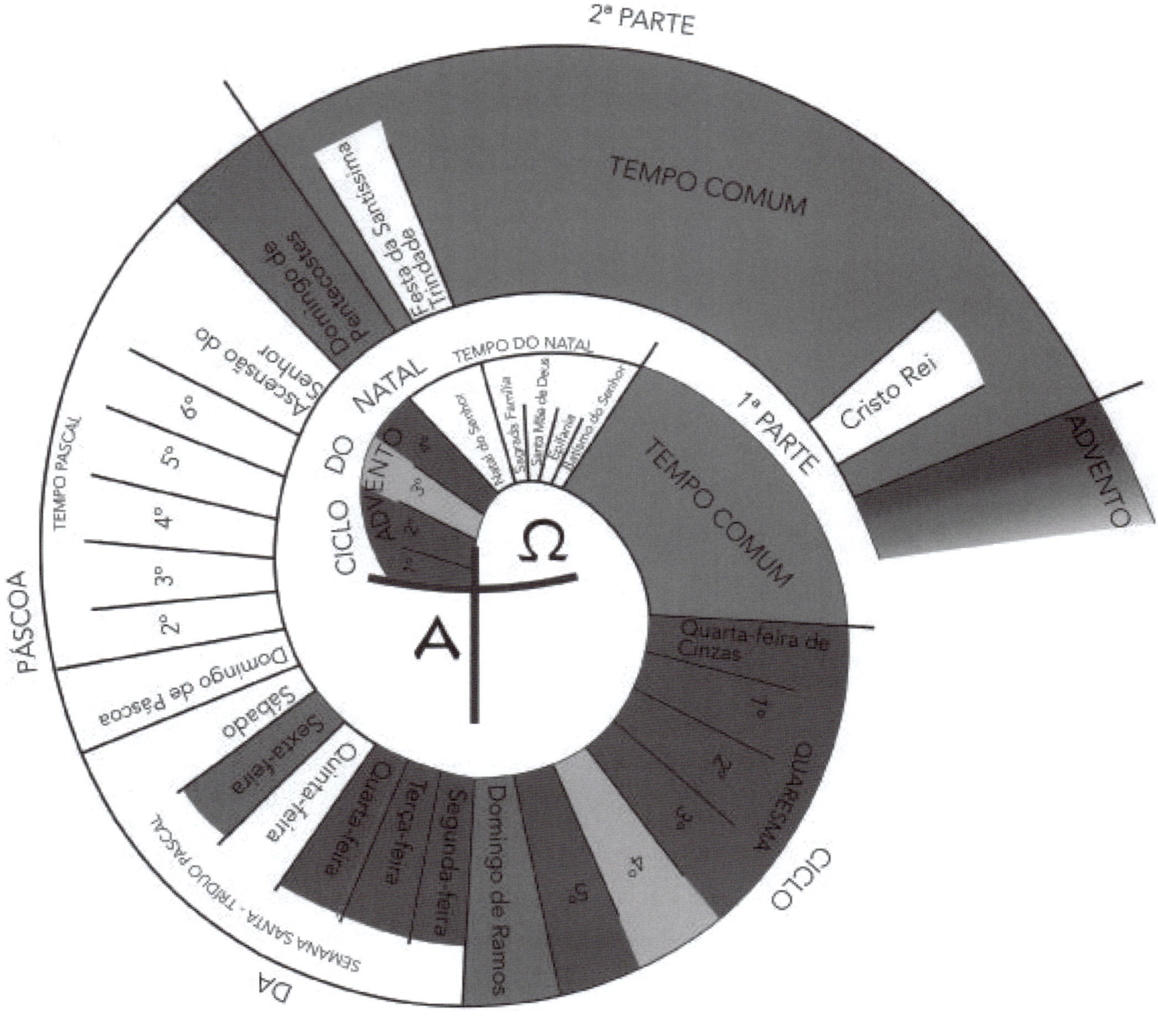

Anexo 1.1

O que é o "Ano Litúrgico"

Segundo A. Bergamini e tantos outros autores, o Ano Litúrgico não é uma ideia, um conceito antropológico ou uma simples explicação de uma maneira diferente de viver o ciclo de um ano; estas podem até constituir dimensões do mesmo, mas não defini-lo como tal. *O Ano Litúrgico é uma pessoa: Jesus Cristo.* O tempo da liturgia é o tempo de hoje onde se torna sagrada a presença de Deus nele, novamente se encarnando sob novas formas e dimensões e o tornando vivo e eficaz no meio da humanidade. O Ano Litúrgico é o mistério de Cristo celebrado e vivido na história da Igreja como "memória", "presença" e "profecia".

O Ano Litúrgico é o mistério de Cristo na vida da Igreja como **memória** porque atualiza o evento salvador de Jesus no hoje do ser humano. Potencializa a humanidade para experimentar o acontecimento salvador no seu "hoje", relembrando o que Deus fez na história, o que faz no presente e gerando a expectativa boa de futuro.

O Ano Litúrgico é o mistério de Cristo na vida da Igreja como **presença** de Jesus nos eventos cotidianos das pessoas. Gerando iluminação de fé aos crentes para relerem os fatos, acontecimentos, crises, dores, alegrias, vitórias, derrotas, conquistas e fracassos de cada um. Uma releitura positiva, pois o mistério presente não é derrotado, mas vitorioso e cheio de força: aquele da vida sobre a morte, da ressurreição sobre a cruz.

O Ano Litúrgico é o mistério de Cristo na vida da Igreja como **profecia,** porque revela uma dimensão muito importante da Igreja, às vezes esquecida, de anunciar a Boa-Nova de Jesus, seu projeto de amor e de denunciar as forças contrárias a este projeto e tudo o que desvincula o ser humano de Deus e de sua proposta de vida. A profecia tem a função de desvelar realidades mortais para o ser humano e de mostrar que não se toma este caminho, pois o caminho a ser tomado é o da vida.

Essas três dimensões do Ano Litúrgico, memória, presença e profecia do mistério de Cristo não podem ser vividas separadamente. Se assim acontecer perderá sua unidade e não manifestará sua base fundamental: a História da Salvação e a Unidade em Cristo de todo o plano de Deus.

Pe. José Humberto Motta (Pe. Beto).

MOTTA, J.H. O que é o "Ano Litúrgico". In: *Cadernos de Liturgia da Arquidiocese de Ribeirão Preto.* Ano I – Número 04 – Novembro/2008.

Anexo 1.2

O domingo

A PÁSCOA SEMANAL DOS DISCÍPULOS MISSIONÁRIOS

Esta edição dos Cadernos de Liturgia tem como tema o Ano Litúrgico. O domingo encontra suma importância dentro do ciclo litúrgico anual, pois é celebrado 52 vezes a cada ano. Nele se condensa a fonte pascal para todos os cristãos, que a cada semana são chamados a celebrar, a viver e a testemunhar o mistério da Páscoa, atualizando-o em suas vidas. No entanto, ainda é preciso redescobrir esta dinâmica da vida cristã, porque esse modo de viver em Cristo, uma vez vivido pelos primeiros cristãos, com o passar do tempo foi esvaziando o seu sentido de páscoa semanal, de tal modo que participar da missa aos domingos para muitos batizados atualmente não passa de um preceito ou até mesmo uma sentença que precisa ser cumprida.

Quanto a isso, o Papa João Paulo II, em sua Carta Apostólica *Dies Domini* exorta: "o domingo é um dia que está no âmago da vida cristã... 'Não tenhais medo! Abri, melhor, escancarai as portas à Cristo... gostaria de convidar vivamente a todos a redescobrirem o domingo': Não tenhais medo de dar o vosso tempo a Cristo!"[1]

Quando se volta o olhar para a realidade é possível perceber inúmeras dificuldades nos dias atuais. O domingo sofreu sérias deturpações impostas pelas injustiças sociais ocorridas no campo do trabalho, pelo consumismo exacerbado, pelo hedonismo e relativismo, novas águas que brotam do espírito secularista e da cultura pós-moderna, que irrigam a vida das pessoas.

Hoje em dia, muitas pessoas, seja na luta pela sobrevivência, seja pela imposição da profissão exercida, são impedidas de celebrar dignamente a Eucaristia ou a Palavra de Deus dominicalmente, a fim de buscar o sustento de cada dia e, ao mesmo tempo, uma situação social mais digna de ser vivida. Por exemplo, a indústria do riso e do lazer, os serviços de transporte, restaurantes, hotéis, e muitos outros serviços realizados no domingo.

De fato, o consumismo contribui fortemente para a deformação deste dia reservado à celebração do mistério pascal. As pessoas preferem estar nos *shoppings* ou reservá-lo para passeios turísticos, teatro, cinema, *shows*, programas como *Domingo Legal* e *Domingão do Faustão*, assistir o time do coração em grandes estádios de futebol, enfim, em tudo que se constituiu em um mero lazer e divertimento, distante dos princípios morais e da fé. O simples ócio vivido aos domingos por muitos enfraquece as razões mais sublimes das festas, dissipam os motivos para a partilha com os mais pobres e a solidariedade para com os enfermos. Tudo isso, acentuado ainda pelo hedonismo, faz com que esse dia também seja vivido sobre os pilares da superficialidade, da vulgaridade e da fugacidade.

Quando o cristão compreende desta forma o domingo, concatenado a estas características, são revelados os aspectos caricatos do relativismo latente na sociedade; por conseguinte, sua vida afasta-se da luz pascal, da qual brotam as exigências da fé e ele passa a se orientar pela escuridão da cultura pós-moderna.

Mediante tal realidade, como redescobrir o sentido do domingo e viver o eixo de nossa fé, o mistério pascal? Como romper com essa mentalidade do mundo hodierno e assumir o testemunho, o anúncio do reino e o serviço missionário?

---

[1] JOÃO PAULO II. *Carta Apostólica Dies Domini*. São Paulo: Paulinas, 1998, p. 9.

Como passar de uma vida estagnada na escuridão da cultura pós-moderna e viver o domingo, sobretudo participando da Eucaristia como momento privilegiado do encontro com Jesus Cristo, que pela luz irradiada de sua morte-ressurreição nos forma discípulos e nos envia em missão? Como tomar consciência que o domingo é o dia da educação para o discipulado e da preparação para a missão?

Assim, percebe-se que é preciso que cada um de nós descubra o profundo sentido do dia em que celebramos primordialmente a vitória de Cristo sobre a morte. O domingo através dos tempos foi sempre observado pela sua íntima ligação com o núcleo central da vida cristã, o dia da ressurreição. Assim compreendido pode ser vivido como páscoa semanal.

Os testemunhos bíblicos mais antigos sobre o domingo encontram-se na coletânea de escritos neotestamentários. Existem aqueles textos que mostram as aparições do ressuscitado no "primeiro dia da semana" (Mt 28,1; Mc 16,2; Lc 24,1.13; Jo 20,1.19) e aqueles que descrevem reuniões litúrgicas com a Proclamação da Palavra e Celebração da Eucaristia. Em 1Cor 16,2 está o relato mais antigo, embora fale de uma reunião para realizar uma coleta; em At 20,7-11 comenta sobre uma reunião para a fração do pão; por fim, em Ap 1,9-10, é usada pela primeira vez a expressão "Dia do Senhor" no Segundo Novo Testamento[2]. Logo, para as comunidades que deixaram esses testamentos, o "primeiro dia da semana" era especialmente prezado.

Outros nomes foram dados ao domingo, que por meio deles pode-se vasculhar a riqueza desse dia sagrado entre todos, como Dia da Ressurreição, Senhor dos dias, Dia do Sol, Oitavo dia etc.

Algumas fontes não bíblicas da Igreja primitiva apontam ricas e variadas noções a respeito do domingo:

a) É o dia em que a *assembleia cristã* se reúne (Inácio, Justino, Tertuliano).
b) Para que a assembleia possa reunir-se, é um dia que tem ao menos um pouco de *tempo livre* (Tertuliano, Didascália).
c) É um dia para comemorar o originário *primeiro dia* da criação (Justino, Clemente), e o *primeiro dia* da nova criação, isto é, o dia da ressurreição (Ps. Barnabé, Justino, Tertuliano, Cipriano, Orígenes) e, ao menos num caso, o dia de *Pentecostes* (Hipólito).
d) É um dia para *iniciação cristã* (Justino, Clemente, Hipólito).
e) É um dia para *ouvir a Palavra* (Justino, Orígenes, Didascália) e para a *Eucaristia* (Didaqué, Justino, talvez Plínio, Hipólito, Orígenes, Didascália).
f) É um dia para *ordenação episcopal* (Hipólito).
g) É um dia para a *reconciliação* (Didaqué, Didascália)"[3].

---

2 AUGÈ, Matias. *Liturgia*: história, celebração, teologia, espiritualidade. 2 ed. São Paulo: Ave Maria, 1998, p. 288.

3 Cf. AUGÈ. Matias; NOCENT, Adrien. et al. *O ano litúrgico*: história, teologia e celebração. São Paulo: Paulinas, p. 81.

Contudo, há documentos antigos que mostram que a comunidade primitiva dos cristãos entendeu o sentido e a importância de se reunir no domingo; não existia nenhuma norma ou obrigação para participar das assembleias litúrgicas dominicais. Com a realização do Concílio de Elvira no ano 302, estabeleceu-se uma norma: para aqueles que estivessem em uma cidade e não fossem por três domingos, teriam de ser excomungados por um breve período. O Concílio de Agdes prescreveu que aos domingos dever-se-ia participar da missa inteira. Durante a época carolíngia, surgiram comentários ainda mais detalhados sobre o domingo[4].

A legislação no Código de Direito Canônico de 1917 postulava como lei formal a obrigação de todos os fiéis católicos *ouvirem* a missa. Contudo, o Código de 1983 prevê que é obrigação dos fiéis *participarem* da missa aos domingos e festas, abstendo de toda e qualquer atividade que os impeçam de viver o Dia do Senhor[5].

O Concílio Vaticano II, especialmente o Documento *Sacrossantum Concilium*, que versa sobre a Sagrada Liturgia, diz: "Neste dia, pois, devem os fiéis reunir-se em assembleia para ouvirem a Palavra de Deus e participarem da Eucaristia, e assim recordarem a paixão, ressurreição e glória do Senhor Jesus e darem graças a Deus que 'os gerou de novo pela ressurreição de Jesus Cristo dentre os mortos para uma esperança viva' (1Pd 1,3). O domingo é, pois, o principal dia de festa que deve ser lembrado e inculcado à piedade dos fiéis: seja também o dia de alegria e abstenção do trabalho"[6].

João Paulo II, ao comentar sobre o preceito dominical, afirma que a comunidade cristã precisa ser o apoio para o crente se convencer da importância de celebrar juntamente com seus irmãos, na graça do Batismo, o sacramento da Nova Aliança, a Páscoa[7].

Portanto, para o cristão, que pelo Batismo é sepultado com Cristo na morte, para viver Nele uma vida nova pela sua ressurreição gloriosa dada pelo Pai[8], é preciso toda semana dedicar-se na escola do discipulado ouvindo e partilhando a Palavra, robustecer-se com o dom da Eucaristia e a força do Espírito, preparando-se para a missão que novamente é retomada, na vida familiar, no trabalho, para os jovens e as crianças na escola, na relação com os amigos; enfim, na realidade do dia a dia, em todos lugares onde haja a convivência humana.

Ione Buyst explica claramente esta relação ao dizer que a celebração do domingo situa-se na dupla perspectiva: o cristão *celebra* a Eucaristia na presença do Cristo Ressuscitado e por Ele é *enviado* em missão para edificação do Reino. A edificação do Reino acontece pelas mãos do discípulo missionário, acompanhado pelo Espírito, configurando sua vida ao programa missionário de Jesus (Lc 4,18-19)[9].

---

[4] AUGÈ, Matias. *Liturgia*: história, celebração, teologia, espiritualidade. 2. ed. São Paulo: Ave Maria, 1998 p. 289-290.

[5] CÓDIGO DE DIREITO CANÔNICO. São Paulo: Loyola, 1983, cân. n. 1247.

[6] CONCÍLIO VATICANO II. Sacrossanctum Concilium, n. 106.

[7] JOÃO PAULO II. Carta Apostólica *Dies Domini*, p. 55.

[8] Rm 6,4.

[9] BUYST, Ione. "Discípulos e discípulas de Jesus, missionários e missionárias do Reino". In: *Liturgia de Mutirão*: subsídios para a formação. Brasília: Ed. CNBB, 2007, p. 26-27.

O *Documento de Aparecida*, que aos poucos precisa ser conhecido pelo povo, reconhece a real importância do preceito dominical e assinala duas considerações: "*viver* segundo o domingo" e promover a "pastoral do domingo". A primeira deseja que a *vivência* do domingo não consista apenas em uma simples tarefa, mas sim uma necessidade interior de todos que fazem parte da família cristã. Com efeito, somente quando a comunidade paroquial participa ativamente da Eucaristia e das festas de preceitos da Igreja, que se transforma em uma fonte geradora de discípulos missionários maduros. A segunda sugere que se promova, a fim de que haja um novo impulso na evangelização, a pastoral do dia do Senhor, conferindo a ela prioridades nos programas pastorais[10].

Assim, torna-se urgente que nós, não obstante as dificuldades de hoje, saibamos redescobrir que todo *primeiro dia da semana*, como o *Dia do Senhor*, pela celebração do memorial da morte-ressurreição de Cristo, é renovada a graça batismal que nos fez filhos no Filho de Deus[11]. E que a Eucaristia, ligada às inúmeras celebrações da Palavra nas comunidades que não têm padre, consiste na celebração primordial do domingo[12], fonte inesgotável da vocação cristã e fonte inextinguível do impulso para a vida missionária[13]. Precisamos viver intensamente esta nossa páscoa semanal, que nos oferece gratuitamente a luz da Palavra e a força eucarística para o discipulado e a missão da Igreja, e, além disso, com a nossa vida proclamar: *Este é o dia que o Senhor fez para nós: alegremos e nele exultemos*[14].

Sem. Juliano Gomes

GOMES, J. "O domingo: a páscoa semanal dos discípulos missionários". In: *Cadernos de Liturgia da Arquidiocese de Ribeirão Preto.* Ano I – Número 04 – Novembro/2008.

---

10 *Documento de Aparecida*, n. 252.

11 Gl 3,26.

12 CNBB. *Animação da vida litúrgica no Brasil*, n. 114.

13 *Documento de Aparecida*, n. 251.

14 Sl 118,24.

Anexo 1.3

Advento: Tempo de esperar com esperança!

Com o Advento tem início o Ano Litúrgico em nossa Igreja Católica. Vejamos, um pequeno traço de sua história e o seu significado segundo o Dicionário de Liturgia: "As verdadeiras origens do Advento são incertas e as notícias que nos chegaram são escassas. É necessário distinguir elementos relativos a práticas ascéticas de outros de caráter propriamente litúrgico: um Advento como tempo de preparação ao Natal e um Advento que celebra a vinda gloriosa de Cristo (Advento escatológico). O Advento é tempo litúrgico típico do Ocidente; o Oriente tem somente uma breve preparação de poucos dias para o Natal. Temos notícias do Advento desde o século IV, e este tempo se caracteriza tanto em sentido escatológico quanto como preparação ao Natal. Sobre o significado originário do Advento, por isso, muito se tem discutido, preferindo alguns optar pela tese do Advento natalício, outros pela tese do Advento escatológico. A reforma litúrgica do Vaticano II quis, intencionalmente, conservar ambos os caracteres de preparação para o Natal e de espera da segunda vinda de Cristo"[15].

É um tempo de grande esperança que leva à reflexão sobre a origem da vida, onde se aguarda com grande convicção a vinda do Salvador que mudará as trevas em luz e fará transparecer o rosto do Pai aqui na terra. Quem tem esperança, tem vida; e, se tem vida, tem esperança, esperança esta concedida à humanidade por Deus Pai. O Advento é o tempo litúrgico no qual é lembrada a grande verdade da história como lugar da atuação do plano salvífico de Deus. "O Tempo do Advento possui dupla característica: sendo um tempo de preparação para as solenidades do Natal, em que se comemora a primeira vinda do Filho de Deus entre os homens, é também um tempo em que, por meio dessa lembrança, voltam-se os corações para a expectativa da segunda vinda de Cristo no fim dos tempos. Por este duplo motivo, o Tempo do Advento se apresenta como um tempo de piedosa e alegre expectativa"[16].

O tempo atual é marcado pela modernidade e pelo consumismo, e com isso se perde a esperança de esperar quem está para chegar, uma vez que a rotina do dia a dia consome a todos pelo trabalho, comércio, aquisição de bens materiais etc. Com o Tempo do Advento acende-se a chama da vinda do Salvador em nossas casas, comunidades, locais de trabalho e escolas, pois este é um tempo de piedosa e alegre expectativa que dá forças e profunda esperança na vinda do Emanuel. O melhor da festa é esperar por ela, e com o Advento espera e prepara a natividade do Senhor na qual virá transparecer o rosto de Deus na terra. Não precisa ter pressa, mas precisa ter cuidado. Como dito acima, a humanidade vive em um mundo moderno e é bom deixar o Advento ser Advento e o Natal ser Natal; sendo que isso às vezes não acontece nas comunidades e casas, pois as pessoas têm pressa para enfeitar tais locais com símbolos consumistas e esquecem da profunda espiritualidade e mística que o Advento traz. "É preciso tomar cuidado de não abortar o Advento ou celebrá-lo superficialmente. Este cuidado nos levará a não antecipar o Natal, seja fazendo celebrações natalinas antes do previsto, seja usando ritos próprios da festa. Se cantamos "Noite Feliz" no dia 15 de dezembro, o que iremos cantar na noite do dia 24 para 25? Mas também não podemos celebrar o Advento como se Cristo ainda não tivesse nascido. A longa noite da espera terminou. O mundo já foi redimido, embora a história continue..."[17]

---

15 DICIONÁRIO DE LITURGIA. São Paulo: Paulinas, 1992, p. 12.

16 ADAM, Adolf. *O Ano Litúrgico*. São Paulo: Paulinas, 1982, p. 131-132.

17 CONFERÊNCIA NACIONAL DOS BISPOS DO BRASIL. *Liturgia em mutirão, subsídios para a formação*. Brasília: Edições CNBB, 2007, p. 51-52.

Como a Festa da Páscoa, o Natal recebeu também um tempo de preparação, cujo nome é Advento. Tempo este que transmite expectativa, conversão e esperança: "**expectativa** – memória da primeira e humilde vinda do Senhor em nossa carne mortal; expectativa-súplica da última vinda de Cristo, Senhor da história e Juiz universal. **Conversão**, à qual frequentemente a Liturgia deste tempo convida pela voz dos profetas e, sobretudo, de João Batista: "Convertei-vos, pois o Reino dos Céus está próximo" (Mt 3,2). **Esperança** jubilosa de que a salvação já realizada por Cristo (cf. Rm 8,24-25) e as realidades da graça já presentes no mundo cheguem à sua maturidade e plenitude, quando a promessa se transformará em posse, a fé em visão e "nós seremos semelhantes a Ele e o veremos assim como Ele é" (1Jo 3,2)[18]. É bom lembrar que isso não significa que os outros tempos não possuem este espírito de expectativa, conversão e esperança. Cada tempo celebrado tem a sua espiritualidade própria. Se um povo vive em alegre esperança, isso deveria ser fortemente visível no Tempo do Advento.

A liturgia deste período foi concebida para despertar nas pessoas sentimentos de esperança, conversão e jubilosa expectativa. "O conteúdo das leituras, especialmente do Evangelho, focaliza para os domingos um tema específico em cada um dos três ciclos litúrgicos: a vigilância na espera de Cristo (primeiro domingo); um urgente convite à conversão, contido na pregação de João Batista (segundo domingo); o testemunho dado a Jesus pelo seu precursor (terceiro domingo); anúncio do nascimento de Jesus a José e Maria (quarto domingo)"[19]. Com isso, a Igreja convida a viver uma profunda espiritualidade e leva, ao mesmo tempo, a um intenso espírito de expectativa da vinda do Salvador. Não se espera qualquer pessoa, se aguarda o Menino Deus que trará a salvação da humanidade. Por isso, quando se canta nas celebrações "Vem, Senhor, vem nos salvar! Com teu povo vem caminhar!", a humanidade confia a sua vida em um Deus que irá caminhar com ela, que lhe trará esperança e libertação. Um Deus simples feito homem como nós, mas de tal poder que dá forças às pessoas para lutar por um novo céu e uma nova terra.

Um dos símbolos que marcam este tempo é a Coroa do Advento. É uma expressão visual de esperança e do anseio da Igreja nesse período. "A coroa ou guirlanda do advento é o primeiro anúncio do Natal, começa a aparecer no início do Advento. A coroa, como o próprio nome indica, é uma guirlanda verde, sinal de esperança e vida, enfeitada com uma fita vermelha, que simboliza o amor de Deus que nos envolve, e também a manifestação do nosso amor, que espera ansioso o nascimento do Filho de Deus"[20]. Composta de quatro velas acesas uma por cada domingo do Advento e o que expressa é o acendimento progressivo da esperança e a vinda paulatina da Luz até o resplendor do Natal. Por que as famílias não preparam uma coroa em suas casas? A família, reunida no domingo, dia do Senhor, envolta da mesma, demonstrando sua expectativa e acompanhando junto com a Igreja a chegada do Menino Deus. Com esta proposta assumimos a coroa do advento como sinal do futuro, o futuro que o Menino irá trazer para toda a humanidade. E pensa-se neste tempo também o futuro a ser vivido pelo cristão, pelo grupo de pessoas reunidas na celebração: um futuro feito de amor a Deus e de amor ao próximo.

Ao longo de todo o Tempo do Advento também é perceptível a presença da Virgem Maria. Seu papel na manifestação do plano de Deus é importantíssimo. A cena mais presente na Igreja durante o Advento é a anunciação, onde Maria dá o seu "sim" a Deus, garantindo a salvação da humanidade. Diante desta cena o ato de fé que Maria teve, dizendo sim à proposta de Deus, acontece uma maternidade divina como fruto de uma fé obediente. Maria está presente durante todo o Advento,

---

[18] CONGREGAÇÃO PARA O CULTO DIVINO E A DISCIPLINA DOS SACRAMENTOS. *Diretório sobre Piedade Popular e Liturgia, Princípios e Orientações*. 2. ed. São Paulo: Paulinas, 2005, p. 92-93.

[19] BERGAMINI, Augusto. *Cristo, Festa da Igreja, o Ano Litúrgico*. São Paulo: Paulinas,1994, p.180.

[20] MACARI. *O Natal e seus símbolos*. São Paulo: Paulinas, 1981, p. 4-5.

de maneira especial no período final que vai do dia 17/12 a 24/12. Também pode-se chamar este período de "semana santa do Natal". Nesta semana, aumentamos nossas esperanças e expectativas, aguardando a vinda de seu Filho que irá nos revelar o rosto do Pai. "O Advento é o tempo da esperança, e invocamos Nossa Senhora como *Mater spi*, mãe da esperança. Ela é a esperança da Igreja e de cada membro da Igreja. No seu presente estado de glória, perfeitamente unida de corpo e alma com o Senhor, vemos a que altura também nós somos chamados. Nas palavras do Vaticano II: 'Nela a Igreja admira e destaca o fruto mais excelente da redenção e jubilosamente contempla como imagem irrepreensível aquilo que ela mesma deseja e espera ser'. Em outra passagem declara que 'até que venha o Dia do Senhor, ela é certamente o sinal resplandecente de esperança e de conforto para o povo de Deus na sua peregrinação'"[21].

O profeta que mais ressoa neste tempo é Isaías. Ele é um dos profetas messiânicos, precursor do Evangelho que afirma o plano de salvação de Deus e não exclui nenhuma raça ou nação. Em Isaías encontramos paz, segurança, fidelidade e justiça: frutos que se tem com a vinda do Messias. Na liturgia, as palavras deste profeta vêm encorajar a humanidade, afirmando que, com a vinda do Messias, esta encontrará paz e as dores e aflições momentâneas serão superadas com a sua vinda.

São João Batista é muito proeminente no Advento e faz um grande apelo à conversão. Com este apelo, João faz um convite à humanidade para deixar as limitações e a mudar de vida preparando os caminhos do Senhor. "Já chegou a hora de acordar, pois nossa salvação está mais próxima agora do que quando abraçamos a fé. A noite avançou e o dia se aproxima. Portanto, deixemos as obras das trevas e vistamos a armadura da luz. Como de dia, andemos decentemente; não em orgias e bebedeiras, nem em devassidão e libertinagem, nem em rixas e ciúmes. Mas vesti-vos do Senhor Jesus Cristo e não procureis satisfazer os desejos da carne" (Rm 13,11-14).

Advento, um tempo simples que aproxima as mulheres e os homens da perfeição, tempo de compromisso com os mais necessitados.

Uma comunidade em Advento é aquela que está voltada para os pobres, cujos membros são analfabetos, sem teto, desempregados e excluídos da sociedade. Deve-se demonstrar que a Igreja e os cristãos são partes de estruturas políticas e sociais que têm muito a fazer para que o Senhor se manifeste como aquele que há de vir. Pois uma comunidade egoísta não está preparada para a vinda do Senhor. Preparar-se para o Advento é ser capaz de deixar os próprios interesses, negócios, casa, bens, para dedicar-se aos outros como fez Maria com sua prima Isabel.

Espera-se com esperança o Salvador e desde já a humanidade clama: "Vem, Senhor Jesus!"

"*Pois nossa salvação é objeto de esperança; e ver o que espera, não é esperar. Acaso alguém espera o que vê? E se esperamos o que não vemos, é na perseverança que o aguardamos*" (Rm 8,24-25).

Sem. Alessandro Daniel Tenan

TENAN, A.D. Advento: Tempo de esperar com esperança. In: *Cadernos de Liturgia da Arquidiocese de Ribeirão Preto*. Ano I – Número 04 – Novembro/2008.

---

21 RYAN, Vincent. *Do Advento à Epifania*. São Paulo: Paulinas, 1992, p. 30-31.

Anexo 1.4

Natal: A Luz resplandeceu e o Verbo chegou!

"No princípio era o Verbo e o Verbo estava com Deus e o Verbo era Deus. No princípio, Ele estava com Deus.
Tudo foi feito por meio dele e sem Ele nada foi feito.
O que foi feito nele era a vida, e a vida era a luz dos homens;
e a luz brilha nas trevas, mas as trevas não a apreenderam" (Jo 1,1-5).

O que mais vemos no período do Natal é uma exploração comercial da festa, onde muitos se renderam a um total comércio e aproveitam o máximo para lucrar em cima desta data. Vivemos em uma sociedade de consumo que identifica o Natal com compras e preocupações com presentes, viagens de final do ano, como gastar o 13° salário após trabalhar o ano todo. Não que isso não seja merecido, pois o que possuímos é fruto do nosso esforço e trabalho. Aos poucos percebemos que o Natal tem perdido a sua espiritualidade e a sua importância em nossa sociedade, porque quanto mais temos, mais queremos ter. Diante desta realidade em que vivemos podemos nos perguntar: Que sentido tem o Natal para nós? Como fazer a experiência da sua mistagogia? Qual importância se dá ao celebrar a natividade do Senhor? Estas são perguntas que acompanham a vida cristã, e cabe a nós refletirmos se temos respondido aos propósitos que a Igreja e a Liturgia nos oferecem.

O Tempo do Natal envolve praticamente duas semanas, tem início na noite do dia 24 de dezembro e termina no Domingo da solenidade da Epifania do Senhor.

A celebração do Natal do Senhor prolonga-se por oito dias denominados "Oitava do Natal" (como se fosse um único dia). Dentro deste tempo celebramos algumas festas e solenidades, como: a **Festa da Sagrada Família**, que nos recorda a pessoa de José, de Maria e do Menino Jesus, quando recordamos muitas circunstâncias de nossa vida tomando como exemplo o nosso núcleo familiar contraposto ao modelo da Família de Nazaré. A **Solenidade de Santa Maria Mãe de Deus** recorda-nos a sua maternidade e virgindade como algo salvífico para a humanidade, pois, por meio dela, recebemos o Autor da vida. Nesta mesma solenidade destacamos o início do Ano Civil e o Dia Mundial da Paz, onde colocamos o nosso "ano-novo" sob o senhorio de Cristo e pedimos a paz para o nosso novo ano. "Entre as saudações que os homens e mulheres trocam no dia 1° de janeiro emerge a saudação da paz. A saudação da paz tem profundas raízes bíblicas, cristológicas, natalícias; o bem da paz é sumamente invocado pelos homens de todos os tempos, que também atentam contra ele frequentemente, do modo mais violento e destruidor: a guerra"[22]. A **Solenidade da Epifania do Senhor.** Epifania é um termo de origem grega que significa "manifestação". Esta manifestação apresenta Jesus à humanidade como o Messias que trará a salvação oferecida a todos os povos, sendo Ele a Luz do Universo que irá iluminar e guiar os passos da humanidade. Dentro da oitava são incluídos os dias 26, 27 e 28 de dezembro, as festas de Santo Estêvão, de São João Evangelista e dos Santos Inocentes.

---

[22] CONGREGAÇÃO PARA O CULTO DIVINO E A DISCIPLINA DOS SACRAMENTOS. *Diretório sobre Piedade Popular e Liturgia, Princípios e Orientações*. 2. ed. São Paulo: Paulinas, 2005, p. 106-107.

A Festa do Natal do Senhor tem uma profunda e importante ligação com a Páscoa, podendo até dizer que as duas são inseparáveis. Neste pequeno tempo litúrgico se celebra o nascimento de Jesus, sua entrega total até a morte na cruz e sua vitória sobre o mal. Com o Natal damos início ao ciclo da nossa fé cristã, onde celebramos o nascimento do Senhor e recordamos a sua paixão, morte e ressurreição.

O Natal não é a celebração do aniversário de Jesus, pois não se sabe a data exata em que Jesus nasceu. Neste dia se celebra a encarnação do Verbo de Deus. Alguns pesquisadores afirmam que na parte norte do mundo o dia 24 de dezembro é o dia mais curto do ano e que, segundo a tradição antiga, neste dia, ao cair da noite, os romanos celebravam a Festa do Sol Invencível, que, após um período em que a sua presença no céu vinha diminuindo, passa agora a aumentar gradativamente. Com isso, a Igreja cristã assumiu essa festa e a transformou na celebração do nascimento de Jesus, "Sol nascente que vem do alto para iluminar a todos os que estão nas trevas" (Lc 1,78-79). Colocando a Festa do Natal em 25 de dezembro houve a possibilidade de cristianizar a sociedade da época; com esta data a Igreja quis dar um sentido novo a esta festa, apresentando Jesus Cristo como o verdadeiro Sol que ilumina, com a sua luz, o mundo, guiando a humanidade. "[...] 25 de dezembro não é historicamente dia do nascimento de Cristo, apesar da afirmação contrária de alguns autores antigos. Essa data é indicada por antiga tradição, segundo a qual Jesus teria sido concebido no mesmo dia e mês em que depois seria morto, isto é, no dia 25 de março; consequentemente, o seu nascimento teria acontecido em 25 de dezembro. Considera-se, porém, que essa tradição não determinou a origem da festa, mas foi apenas uma tentativa de explicação, fruto de misticismo astrológico, muito em voga na época" [23].

Alguns símbolos marcam o Tempo do Natal: o *presépio*, montado por São Francisco de Assis em 1223, destacado no artigo sobre o Espaço Litúrgico deste volume, nos traz e nos faz sentir profundamente a mensagem do Natal ao mesmo tempo, penetra em nós os ensinamentos que constituem a doutrina de Jesus como: pobreza, simplicidade, fé e humildade, sendo para nós um conjunto de ensinamentos para a nossa vida cristã. A *Estrela de Natal*, com suas quatro pontas representam as quatro direções da terra: Norte, Sul, Leste e Oeste, de onde vêm os homens para adorar o Filho de Deus. Os *sinos* comunicam a alegria e querem significar que estamos felizes com a vinda do Emanuel que nos traz a libertação. A *ceia de Natal* nos remete à partilha da nossa vida, que é Cristo, o Filho de Deus que estamos festejando.

Em Cristo nós nos reunimos e temos a vida, esta refeição nos lembra a Última Ceia de Jesus, onde Ele próprio se deu a nós como alimento para ficar conosco através da Eucaristia. A *árvore de Natal* é o símbolo da vida, enfeita e prepara o ambiente para receber a verdadeira vida, que é Cristo. O *Papai Noel*, tem a sua origem na veneração muito antiga de São Nicolau, que saía à noite para socorrer os mais pobres. A imagem do bom velhinho nos remete à sensibilidade diante do espírito de caridade que nos envolve nesse tempo, mostrando o sinal da partilha e o compromisso que se deve ter com os mais necessitados. As *velas* que durante todo o Advento aguardam a vinda do Filho de Deus acendendo a coroa, com seu nascimento simbolizam a sua presença no mundo e expressam a nossa fé em Jesus e nosso empenho em viver com Ele na sua luz.

Com a chegada do Verbo, Deus se revela no mundo com simplicidade. Jesus é a revelação viva de Deus. Sendo o Filho do Deus vivo, somente Ele conhece o Pai e pode revelá-lo. Pela revelação, Deus rompeu o seu silêncio, manifestou-se e chamou os homens à comunhão com Ele. "O Verbo eter-

---

[23] BERGAMINI, Augusto. *Cristo, Festa da Igreja, o Ano Litúrgico*. São Paulo: Paulinas,1994, p.196.

no de Deus criador, subsistindo na condição de Deus, abaixa à condição de um simples ser humano feito servo de todos e, desta maneira, vem nos resgatar a cidadania divina que havíamos perdido... O Verbo eterno se faz nosso irmão e, desta maneira, podemos agora sentir Deus como nosso 'parente' mais próximo, ou seja, nosso Pai. Consequentemente, na qualidade de filhos e filhas de Deus, sentimo-nos também 'parentes', os mais próximos, uns dos outros, irmãos e irmãs, irmanando-nos todos na busca da paz. E então cantamos: 'Glória a Deus nas alturas e paz na terra aos homens por Ele amados' (Lc 2,14)"[24]. Com a vinda de Jesus Cristo, Deus quis revelar o que estava oculto, usando da condição humana para estar no meio da humanidade, gerado e nascido do seio de uma mulher. Jesus Cristo viveu em tudo a condição humana, exceto o pecado.

A manifestação do Senhor nos leva a uma participação na vida divina. A espiritualidade deste tempo é a espiritualidade de adoção da humanidade como filhos e filhas de Deus. A liturgia deste tempo faz um convite para viver Cristo na humildade, pobreza e obediência, uma vez que a graça do Natal exige uma resposta de comunhão fraterna para viver seu amor. "Deus, em sua bondade e sabedoria, revela-se ao homem. Com ações e palavras revela a si mesmo e a seu desígnio benevolente, que deste toda a eternidade preestabeleceu em Cristo a favor dos homens. Esse desígnio consiste em fazer com que, pela graça do Espírito Santo, todos os homens participem da vida divina, como seus filhos adotivos no seu único Filho"[25].

Não temos ouro, incenso e mirra para oferecer ao Senhor, mas temos a esperança de que, com a sua vinda a nossa vida será mais plena de paz e salvação.

Que este pequeno tempo faça a humanidade enxergar e reconhecer a sua grande importância. Que o Menino Deus traga a luz que vem do alto e dê a todos a capacidade de entender este tão grande mistério da revelação.

Ao contemplar a simplicidade com que o Filho do Homem veio visitar a humanidade, se tome consciência de que Ele está conosco!

Sem. Alessandro Daniel Tenan

TENAN, A.D. Natal: A Luz resplandeceu e o Verbo chegou! In: *Cadernos de Liturgia da Arquidiocese de Ribeirão Preto*. Ano I – Número 04 – Novembro/2008.

---

24 CONFERÊNCIA NACIONAL DOS BISPOS DO BRASIL. *Liturgia em mutirão:* subsídios para a formação. Brasília: Edições CNBB, 2007, p. 57.

25 COMPÊNDIO DO CATECISMO DA IGREJA CATÓLICA. São Paulo: Loyola, 2005, p. 22.

Anexo 1.5

Tempo da Quaresma e da Páscoa

1. TEMPO DA QUARESMA

Ainda que não saibamos exatamente as origens do Tempo da Quaresma, é certo que no século IV existia um tempo preparatório para a Páscoa, que se ligava ao imediato período que a precedia, e que, desde o século II, era marcado pela penitência e pelo jejum.

Esse tempo consistia em uma quarentena (significado bíblico) e ela vai desenvolvendo-se a partir da prática penitencial que preparava os pecadores para a reconciliação na manhã do Sábado Santo e, sobretudo, da necessidade do catecumenato, que preparava os catecúmenos para o Batismo na noite pascal. No início a Quaresma foi, portanto, de caráter batismal e catequético (aprofundamento da Palavra). Mais tarde predomina o caráter penitencial (abstinência, jejum e penitência).

O Vaticano II e sua reforma litúrgica organiza a Quaresma, fixando-a da Quarta-feira de Cinzas até a Quinta-feira Santa (antes da Missa da Ceia do Senhor).

Para entender a Quaresma é preciso partir do Mistério Pascal de Cristo. Nele, Cristo doa-se plenamente a nós, lavando-nos com seu sangue, purificando-nos com sua graça, santificando-nos com seu amor e tornando-nos agradáveis a Deus, participantes da sua entrega total ao Pai. Nosso jejum, nossa penitência, nossa oração, nossa esmola, são sinais da nossa participação no mistério de Cristo.

A espiritualidade quaresmal está marcada por três elementos fundamentais[26]:

Caridade – se praticamos obras de caridade, se damos esmolas, não é para demonstração exterior da nossa bondade, mas sempre participação sacramental na benignidade de Deus, que sendo rico se fez pobre em Cristo, por amor de cada um, e nos cumulou de graça sobre graça, dando-nos a si próprio (insuperável dom da sua própria vida divina que nos é participado no Mistério Pascal). É entendida fundamentalmente como misericórdia aos necessitados e reconciliação com os irmãos.

Oração – se rezamos é por meio de Cristo que o fazemos. É Ele que reza em nós pelo Espírito Santo. É Ele quem ensina e faz a perfeita oração: fazer a vontade do Pai, oferecer integralmente o coração sem reservas e condicionamentos, cumprir com a liberdade do amor a vontade do Pai, sem dela afastar-se, mesmo quando ela nos leva onde não queremos e onde aparentemente não suportamos.

Penitência (jejum) – se fazemos penitência não é para angariar méritos e comprar a graça, que é impagável, mas sim para participarmos sacramentalmente do sofrimento daquele que, sendo inocente, se fez pecado, e, por isso foi castigado, punido e abandonado por Deus, provando a solidão da morte.

Na penitência, que é antes de tudo solidariedade, participamos do sofrimento de Cristo e da paixão do mundo, e experimentamos a doçura escondida e misteriosa do sofrimento de Cristo. Assim somos convidados, pela liturgia da Palavra dos domingos, a reviver as grandes etapas da marcha da humanidade até a Páscoa de Cristo. Vejamos uma síntese da liturgia dos domingos segundo Pablo Argárate[27]:

- Primeiro domingo: teremos as alianças originais (a queda, a aliança com Noé, a Profissão de Fé do povo eleito) – tentação de Jesus.
- Segundo domingo: centrado em Abraão (a vocação de Abraão, o sacrifício de Isaac, a aliança de Deus com Abraão) – transfiguração de Jesus.

---

[26] Cf. BERGAMINI, Augusto. *Cristo, festa da Igreja*: o Ano Litúrgico. São Paulo: Paulinas, 1994, p. 282-283.

[27] Cf. ARGÁRATE, Pablo. *A Igreja celebra* Jesus Cristo. São Paulo: Paulus, 1997, p.173-174.

- Terceiro domingo: centrado em Moisés (Moisés golpeia a rocha, a Lei dada a Moisés, Deus revela seu nome a Moisés).
- Quarto domingo: centrado no povo de Deus que vive na terra santa (Davi, o exílio, e o retorno, a Páscoa da terra prometida) – (A) cura do cego de nascença; (B) encontro de Jesus com Nicodemos: Deus enviou seu Filho ao mundo para que o mundo seja salvo por ele; (C) o Pai espera a volta do filho.
- Quinto domingo: centrado nos profetas (Ezequiel, Jeremias e Isaías) – (A) Ressurreição de Lázaro; (B) se o grão de trigo cair na terra e morrer, produzirá muitos frutos; (C) Quem não tiver pecado atire a primeira pedra.
- Os evangelhos nos convidam à conversão, ao revelar a misericórdia de Deus.
- É importante observar que o *Lecionário* nos propõe três itinerários: uma quaresma batismal (ano A); uma quaresma cristocêntrica (ano B); uma quaresma penitencial (ano C)[28].

E então chegaremos à Páscoa. Entraremos com Jesus em Jerusalém. Lembraremos dos nossos "hosanas" e dos nossos gritos de "crucifica-o". Seremos recebidos no aconchego do seu cenáculo e mergulharemos na noite de sua agonia, provaremos seu abandono e recordaremos nossa covardia.

E depois, ao fim do terceiro dia, escavaremos na rocha do sepulcro e beberemos da água da vida e a luz da ressurreição nos recriará "neste dia que o Senhor fez para nós".

A cor litúrgica deste tempo é o roxo, um convite à conversão, à penitência e à fraternidade. No 4º domingo pode-se usar o rosa por causa da antífona de entrada, que convida: "Alegra-te, Jerusalém...", é também chamado domingo *Laetare* (alegria).

2. SEMANA SANTA

A Semana Santa merece ser vivida em clima de oração pessoal, esforço de conversão e maior dedicação fraterna. Do Domingo de Ramos até a Quinta-feira Santa completamos o grande retiro quaresmal, experimentado desde a Quarta-feira de Cinzas. Com a missa da Ceia do Senhor na Quinta-feira à tarde iniciamos o Tríduo Pascal da morte e ressurreição de Jesus. O cume de todas as celebrações é a Vigília Pascal na noite do sábado, madrugada do domingo. Esta vigília se desdobra na alegria do Domingo da Ressurreição e nos cinquenta dias do tempo pascal, o Pentecostes sagrado, que é considerado como que um único e grande domingo.

Também para a comunidade cristã a Quaresma constitui-se em peregrinação a Jerusalém, isto é, à morte e ressurreição de Cristo. A Quaresma, portanto, é um novo êxodo, um retorno do exílio para Jerusalém, ou seja, para a Páscoa de Cristo, que nos edifica como Igreja.

Seguindo este itinerário, chega-se com fé mais iluminada à Semana Santa ou "Grande Semana". São dias em que a liturgia segue, passo a passo, os últimos acontecimentos da vida terrena de Jesus. Assim nos ensina o Papa Paulo VI: "Se há uma liturgia, que deveria encontrar-nos todos juntos, atentos, solícitos e unidos para uma participação plena, digna, piedosa e amorosa, esta é a liturgia da grande semana. Por um motivo claro e profundo: o Mistério Pascal, que encontra na Semana Santa a sua mais alta e comovida celebração, não é simplesmente um momento do Ano Litúrgico; ele é a fonte de todas as outras celebrações do próprio Ano Litúrgico, porque todos se referem ao mistério da nossa redenção, isto é, ao Mistério Pascal"[29].

---

[28] Cf. BERGAMINI, Augusto. *Cristo, festa da Igreja*: o Ano Litúrgico. São Paulo: Paulinas, 1994, p. 268.

[29] PAULO VI. "Sermão da quarta-feira". In: *Encicliche e discorsi*. Vol. IX. Roma: Edizioni Paoline, 1996, p. 368.

2.1 Domingo de Ramos

Em Jerusalém, por volta do século IV, pensou-se em reproduzir o mais exatamente possível a entrada de Jesus na Cidade Santa. Assim descreve a peregrina Etéria em seu *Itinerarium:*

> "[...]Ao aproximar-se a décima primeira hora (dezessete horas), lê-se aquele passo do evangelho onde as crianças vieram ao encontro do Senhor com ramos e palmas, dizendo: Bendito o que vem em nome do Senhor. Imediatamente se levantam o bispo e todo o povo e, depois, vai-se dali ao cimo do Monte das Oliveiras, todos a pé. De facto, todo o povo vai à frente do bispo, cantando hinos e antífonas e repetindo sempre: Bendito o que vem em nome do Senhor. [...] Quando se chega, embora seja tarde, faz-se, contudo, o lucernário; a seguir faz-se de novo uma oração junto à cruz, e despede-se o povo"[30].

É interessante notar que inicialmente esta celebração não está ligada à celebração eucarística. Por um longo período esta celebração foi celebrada a critério do local, pois não era uma celebração oficial. Passou a ser oficial com o Pontifical romano-germânico do século X e a sua introdução em Roma por volta do século XI, tornando-se assim um costume.

Com a renovação trazida pelo Concílio Vaticano II, foi restaurada a ordem dos domingos da Quaresma. Na segunda metade do século VII, o quinto domingo da Quaresma começou a chamar-se primeiro domingo da Paixão, e o domingo anterior à Páscoa, segundo domingo da Paixão ou Domingo de Ramos. O Concílio Vaticano II recolocou em vigor o quinto domingo da Quaresma, que se tornou, no ciclo A, o domingo de Lázaro. O domingo antes da Páscoa se chama agora *Dominica in Palmis* ou *De Passione Domini* (Domingo da Paixão). Por isso, a cor litúrgica para este dia é o vermelho que lembra a paixão do Senhor.

O Domingo da Paixão, em Roma, era como que uma visão panorâmica de tudo o que iria celebrar em detalhes durante a semana seguinte.

Recordando a entrada de Jesus empunhamos ramos "de oliveira". É importante lembrar que esses ramos bentos servirão para preparar as cinzas da Quarta-feira de Cinzas e eles não são amuletos para serem queimados nos dias de tempestade, mas "sinal do amor infinito de Jesus por nós, e ao mesmo tempo, um sinal de nosso compromisso com Ele"[31].

2.2 De Segunda a Quarta-feira Santa

A celebração da Segunda a Terça-feira Santa não remete aos primeiros tempos da Igreja. No entanto, também estes dois dias tiveram seu formulário de missa que se pode ler no Sacramentário Gelasiano.

Na Segunda-feira Santa, a presença de Lázaro, a quem Jesus ressuscitara, presença comum às igrejas do Oriente, marca forte anúncio da própria ressurreição do Senhor.

Na Terça-feira Santa: há correntes de estudiosos que acreditam ter sido na terça-feira que Jesus fez a ceia com seus discípulos. Ainda que na liturgia celebremos este fato na quinta-feira, já na terça-feira o Evangelho nos situa nessa santa ceia e nos confronta com a posição tomada por cada um dos apóstolos diante de Jesus.

---

30 Cf. ETÉRIA. Peregrinação. In: *Antologia litúrgica*: textos do primeiro milénio, p. 454.

31 BORTOLINI, José. *Quaresma, Páscoa e Pentecostes*. São Paulo: Paulus, 2008, p. 21.

A quarta-feira, porém, foi um dia de celebração, pelo menos da celebração da palavra. Em vários documentos encontram-se para este dia duas celebrações: uma sinaxe (orações solenes) de manhã e uma missa ao anoitecer.

Antigamente, a quarta-feira chamava-se "quarta-feira das trevas", porque, à noite, começava o ofício assim chamado e que a Igreja rezava durante o Tríduo sacro. Atualmente, é dia apropriado para o sacramento da penitência, para a visita e ajuda fraterna aos doentes. A Eucaristia e as orações pedem perseverança e firmeza nos momentos difíceis da missão. Em muitos lugares realizam a procissão do encontro, isto é, os homens caminham acompanhando a imagem do Senhor dos Passos, e as mulheres acompanham a imagem de Nossa Senhora das Dores, até um local determinado onde se encontram.

Estes três primeiros dias feriais da Semana Santa são marcados pela preparação mais imediata da Páscoa. A liturgia usa o método vivo e envolvente da quase reconstituição dos acontecimentos que o Senhor viveu nesses dias últimos de sua vida terrena. A cor litúrgica para estes dias é a roxa, lembrando que ainda é tempo de preparação para a celebração da Páscoa.

3. TRÍDUO PASCAL

A Festa da Páscoa é o centro da nossa fé e, por conseguinte, é o centro do Ano Litúrgico. A origem da liturgia pascal é muito remota. Para alguns a própria narração do Evangelista João da paixão, morte e ressurreição de Jesus seria um eco da celebração pascal das igrejas da Ásia Menor. Para outros as narrativas dos três evangelistas sinóticos (Mateus, Marcos e Lucas) seriam também tiradas de celebrações litúrgicas ainda na Idade Apostólica da Igreja.

Há alguns estudiosos da Bíblia que consideram a Primeira carta de Pedro uma homilia pascal e batismal. Portanto, desde a aurora da Igreja nós podemos encontrar elementos que nos indicam que os cristãos desde logo começaram celebrando a Páscoa. Entretanto, somente no século II é que podemos encontrar documentação da celebração anual da Páscoa.

No início, algumas igrejas terminavam o jejum da Quaresma e celebravam a Páscoa precisamente no dia 14 de Nisan (abril), conforme o antigo calendário judaico, dia em que se deu a morte de Cristo.

A celebração mais antiga é a da Vigília Pascal. Já em Tertuliano e Hipólito de Roma, encontramos documentação de sua celebração. Naquela noite se faziam as leituras, se batizavam os catecúmenos e se celebrava na aurora a Eucaristia de Páscoa.

Santo Ambrósio falava do *triduum sacrum* em que Cristo "padeceu, descansou e ressuscitou"; pouco depois, Santo Agostinho fala de um tríduo de Páscoa que foi se criando a partir da celebração da Páscoa dominical. Somente depois do século IV, com a historização dos evangelhos e de suas narrativas, é que entrou a Quinta-feira Santa com a instituição da Eucaristia.

O Tríduo inicial era portanto: Sexta-feira Santa, Sábado Santo e Domingo de Páscoa. A entrada da Quinta-feira Santa rompeu a unidade inicial. Durante a Idade Média foi crescendo sempre mais a Sexta-feira Santa, e extrapolou seu lugar dentro do tríduo. À medida que a sexta-feira cresceu exageradamente de importância, foi desaparecendo a Vigília Pascal, chegando-se até ao absurdo de seus ritos serem celebrados ao sábado de manhã, quase sempre sem a presença de muita gente.

Foi o Papa Pio XII, em 1951, quem restaurou experimentalmente a celebração da Vigília Pascal, e depois, em 1955, recuperou definitivamente a unidade do tríduo pascal. O Concílio Vaticano II (1962-1965) deu unidade, simplicidade e riqueza de conteúdos à Celebração do Tríduo Pascal. Para o Concílio a Quinta-feira Santa representa a dimensão ritual do mistério de nossa salvação expresso no Tríduo, e a Sexta, Sábado e Domingo representam a sua dimensão histórica.

3.1 O significado do Tríduo Pascal

Seu significado é fundado sobre a unidade do Mistério Pascal de Jesus Cristo. O mistério é composto da morte e ressurreição de Jesus. Cada um dos dias se abre ao outro, cada um dos dias remete ao outro, e não tem sentido ser celebrado ou vivido sem o outro, assim como a morte e a ressurreição de Jesus estão inscindivelmente unidas. Não há ressurreição sem a morte e o sofrimento, não há sentido para a morte e o sofrimento sem que haja um futuro de ressurreição.

Assim em poucas palavras, o Tríduo Pascal é a Páscoa celebrada em três dias.

Dentro do Ano Litúrgico estes três dias ocupam posição de destaque. Eles são o vértice do Ano Litúrgico, eles são o centro da liturgia da Igreja. Assim como o domingo é o dia mais importante da semana, porque é o dia em que se celebra solenemente ao longo do ano a Ressurreição do Senhor, assim, também o tríduo é o tempo mais importante do Ano Litúrgico.

É esse mistério que ilumina toda a liturgia, toda a ação da Igreja vive do mistério destes dias, e só possui sentido enquanto inserida neste mistério. As nossas orações, a celebração dos sacramentos, a caridade praticada, a justiça realizada, a verdade proclamada, o Evangelho anunciado, o amor testemunhado, tudo isso deve se nutrir do mistério da morte e ressurreição de Jesus e deve para este mistério convergir.

A Igreja nasce deste mistério, ela parte sempre dele para sua missão, e ela deve sempre a ele retornar se quiser ser a Igreja de Cristo.

3.2 Quinta-feira Santa: a Ceia do Senhor

Até o século IV não há esta missa. Na Semana Santa era celebrada uma única missa, que era aquela do sábado de madrugada. A quinta-feira era o último dia da Quaresma, portanto ainda se guardava o jejum quaresmal.

Já no século VII, encontramos três missas celebradas neste dia: de manhã uma missa para a reconciliação dos penitentes, ao meio-dia a missa da crisma, onde se benziam os óleos para os sacramentos, e à noite se celebrava a comemoração da Ceia do Senhor. Esta missa que comemora a instituição da Ceia do Senhor é celebrada em tom de festa. Cristo nos deu a sua Páscoa na noite da ceia. Por isso a cor litúrgica é a branca, lembrando a festa, a feliz Ceia.

A vida da Igreja se converge para o cenáculo. Os discípulos de Cristo se reúnem em torno do mestre para receber o dom de sua Páscoa. Unidos a Ele aprendem que páscoa é vida, é caridade, é serviço. Partilham o pão e deverão partilhar a Paixão do Senhor.

Desde Santo Agostinho encontramos nesta missa o Rito do lava-pés. Antigamente, esse rito era reservado somente ao bispo na sua igreja catedral. Depois, Pio XII permitiu que esse rito tão significativo fosse repetido em todas as igrejas. Esse rito já era celebrado em Jerusalém nos meados do século V e de lá se estendeu para o Ocidente e Oriente.

O Evangelho de João, embora seja reconhecidamente eucarístico, não nos narra a instituição da Eucaristia como fazem Paulo, Mateus, Lucas e Marcos. João narra que Jesus, mestre e Senhor, se inclina sobre seus servos para servi-los. É uma forma de explicar a Eucaristia, é uma forma de mostrar o significado daquilo que Ele está doando à humanidade. É uma forma de antecipar profeticamente aquilo que Ele realizará na cruz. De fato, não há nenhum momento onde Deus se inclina mais sobre nós para servi-nos do que na hora da cruz.

O altar desnudado recorda Jesus que se despoja e é despojado de suas vestes na cruz.

Um outro elemento desta noite é a retirada do Santíssimo Sacramento e sua transferência para outro local para ser adorado. Não se trata de preparar um sepulcro para Jesus. Mas sim de uma solene contemplação amorosa do mistério do amor de Deus, que na Sexta-feira Santa, dia de jejum do povo de Deus, alimentará a fome dos filhos. O texto de Mt 26,37-41, como sugere José Bortolini, nos ajuda a encontrar o significado deste momento em que Jesus pede aos discípulos para vigiar com Ele na oração.

A cor litúrgica é o branco, e neste dia canta-se o hino de louvor silenciado durante a Quaresma.

3.3 A Sexta-feira Santa

É o primeiro dia do Tríduo Pascal propriamente. Celebramos o mistério da morte. Dia de jejum. Nunca houve missa neste dia. A liturgia desde o início (desde Justino) foi sempre composta das leituras da Palavra de Deus e da oração universal. A Sexta-feira Santa, como é o início do tríduo, era o dia de jejum infrapascal, na espera imediata da ressurreição.

A adoração da cruz é um gesto que teve origem na Igreja de Jerusalém. No século IV encontramos em São Cirilo de Jerusalém, bispo da cidade, o testemunho sobre este gesto de abraçar o lenho do qual pendeu a salvação do mundo, que depois se estendeu a toda a Igreja.

No início todos comungavam da Comunhão reservada da noite precedente; com o Papa Inocêncio III a Comunhão foi somente reservada ao padre, e foi somente o Papa Pio XII quem devolveu ao povo a possibilidade de comungar neste dia.

O espírito que se celebra neste dia não é de luto, mas sim de contemplação do mistério do amor de Deus. Não se trata de chorar a morte de Cristo, mas de interiorizar o grande mistério de amor de Deus que nos redimiu e abriu para nós o caminho de retorno à casa paterna, dando-nos exatamente o exemplo e trilhando por primeiro o caminho, sendo fiel e confiando totalmente em seu amor.

O espírito da liturgia é aquele de "Bendita paixão": sofrimento e humilhação, alegria e glória estão inscindivelmente interligados.

As leituras bíblicas: Is 52 fala do servo do Senhor; Hb 4 exatamente o texto sacerdotal, e finalmente a narração da Paixão segundo São João. Todas as leituras falam da cruz salvífica do Senhor Jesus. Trata-se de uma morte salvífica, livremente assumida por amor.

A oração universal é testemunho da liturgia romana primitiva, e é o modelo de uma Igreja verdadeiramente católica, aberta à universalidade das necessidades dos homens.

Terminada a oração universal segue a adoração da cruz. "A palavra adoração é um tanto imprópria, pois a adoração é dirigida a Jesus. Honramos sua cruz, pois foi nela que Ele nos salvou"[32].

A última parte da celebração da Sexta-feira Santa é a Comunhão. Depois de rezar a oração depois da Comunhão é invocada a bênção de Deus sobre a assembleia, que se retira em silêncio.

Um elemento importante deste dia, que não deve ser menosprezado, é o jejum. Ele é sinal sacramental da nossa participação da Paixão de Jesus. Sobretudo hoje, num tempo em que os homens colocam como absoluto a realização de suas próprias vontades, é muito importante conferir ao jejum e à privação da Sexta-feira Santa seu verdadeiro lugar, como solidariedade e participação na dor de Cristo e do mundo.

À noite muitas comunidades celebram a procissão do Senhor Morto ou a Via-sacra.

A cor litúrgica desta celebração é a vermelha que, como no Domingo da Paixão, nos recorda a entrega de Cristo, amor e sacrifício, a Paixão do Senhor.

---

[32] BORTOLINI, José. *Quaresma, Páscoa e Pentecostes*. São Paulo: Paulus. 2008, p. 26.

3.4 Sábado Santo

Nas comunidades antigas prolongava-se o jejum da sexta-feira e o silêncio. Nunca houve missa neste dia, sempre foi dia em que a Igreja evitava até mesmo as reuniões, para renunciar à alegria de se encontrar com os irmãos. É um dia de expectativa e esperança, onde se contempla o mistério da descida do Senhor à mansão dos mortos.

Tudo deve tender à esperança da Ressurreição, tudo deve convergir para a noite da Páscoa que deverá se abrir com a Vigília Pascal e terminar com a Eucaristia de Páscoa celebrada ao alvorecer de domingo. Hoje, entende-se como um dia de silêncio, meditação e oração.

3.5 Vigília Pascal

O domingo é precedido por uma vigília que comemora já nas últimas horas da noite de sábado. Vigiar é esperar. Vigiar é já começar a viver a alegria daquilo que está por vir. Santo Agostinho chama esta Vigília da Páscoa como a mãe de todas as demais vigílias da Igreja, e sua liturgia como a mãe de todas as celebrações litúrgicas da Igreja.

Através de um documento sírio do século III, a *Didascália dos apóstolos*, temos pela primeira vez os detalhes dessa celebração:

> "Na sexta-feira e no sábado jejuareis completamente e nada tomareis. Reuni-vos, não durmais, velai a noite toda em orações, súplicas, leitura dos profetas, do evangelho e dos salmos [...] Até as três horas da madrugada seguinte ao sábado. Então deixareis de jejuar [...] Oferecei vossos dons e depois comei, estai alegres, felizes e contentes, pois ressuscitou o Messias, penhor de vossa ressurreição. Será para vós uma lei eterna até o fim do mundo[33]".

No início havia a vigília e a missa. Já no século II encontramos nesta celebração o batizado dos catecúmenos que participavam depois, pela primeira vez, da Eucaristia. Após longa preparação os novos cristãos eram introduzidos no seio da comunidade cristã nesta noite gloriosa. Com o passar dos séculos a liturgia romana desta noite foi sendo enriquecida com novos elementos que não pertenciam originalmente a ela, como por exemplo: o rito da luz, do fogo e do círio que abrem a vigília na nossa estrutura atual da celebração.

Com o rito da luz e do fogo novo, o povo em procissão acompanha a coluna luminosa (de fogo e luz), como fez o povo de Israel no deserto em busca da terra prometida.

Depois do precônio pascal, que deve ser cantado ou proclamado com profunda alegria, inicia-se a Liturgia da Palavra, que passa, através de nove leituras, as grandes maravilhas do amor de Deus pelos homens, que todas tendem e são iluminadas pela Ressurreição do Senhor Jesus. Na passagem do Antigo para o Novo Testamento canta-se o *Glória*, que por excelência é um canto pascal.

Após a homilia inicia-se a liturgia batismal, que de preferência deveria incluir um batizado solene. Canta-se a ladainha, realiza-se a renovação das promessas batismais (renovamos na noite solene nossos compromissos batismais, nossa aliança com o Senhor), realiza-se o batizado e em seguida a aspersão de toda a assembleia.

Finalmente chega-se à liturgia eucarística, celebrada nas primeiras horas do Domingo de Páscoa.

---

[33] ARGÁRATE, Pablo. *A Igreja celebra Jesus Cristo*. São Paulo: Paulinas, 1997, p. 151.

Não se tratam de partes diferentes e independentes. Trata-se de uma única celebração cuja unidade corresponde ao Mistério Pascal de Cristo. O Mistério Pascal de Jesus vem proclamado na Palavra de Deus e vem realizado na celebração dos sacramentos: Batismo e Eucaristia.

O espírito da liturgia é aquele da noite que foi vencida pelo dia, passagem das trevas à luz. Mais do que qualquer conceito, os símbolos comunicam muito mais os conteúdos da celebração.

A cor litúrgica é a branca, simbolizando a festa, a glória, a alegria nesta noite, a "solenidade mãe de todas as solenidades".

3.6 O Domingo de Páscoa e o Tempo da Páscoa

Desde o início a Igreja considerou este dia como o oitavo dia da criação. Ele abre os cinquenta dias do tempo pascal, que serão encerrados com a Festa de Pentecostes, quando celebramos a efusão do Espírito Santo sobre a Igreja, por causa disso os Padres da Igreja chamavam este tempo de "Beata Pentecostes".

O clima é de alegria e festa. Alguns propõem não rezar-se de joelhos, pois tudo é Festa.

Nestes cinquenta dias se incluem a oitava da Páscoa que é como se fosse um prolongamento do Domingo de Páscoa e que tem um sentido especial como tempo de mistagogia, recordando as aparições do Ressuscitado e a iniciação cristã; e entre eles estão a Festa da ascensão de Jesus ao céu e a festa da descida do Espírito Santo que encerra o tempo pascal.

Durante todo o Tempo da Páscoa a cor litúrgica é o branco.

Dentro do Tempo da Páscoa, entre a Ascensão e Pentecostes, celebra-se a semana de oração pela unidade dos cristãos.

A solenidade de Pentecostes encerra o tempo pascal, sendo o quinquagésimo dia depois da Páscoa. É a solenidade da vinda do Espírito Santo. A cor litúrgica é a vermelha, símbolo do amor e que está também associado ao fogo. Esta festa tem sua raiz na festa judaica. Era uma festa agrícola, festa da colheita. Depois foi associada aos cinquenta dias depois da Páscoa judaica, quando Deus entregou no Monte Sinai as tábuas da Lei a Moisés. E os Atos dos Apóstolos fazem coincidir com a vinda do Espírito Santo. Poderíamos dizer que é a festa do impulso missionário.

Referências bibliográficas:

ARGÁRATE, Pablo. *A Igreja celebra Jesus Cristo*. São Paulo: Paulinas, 1997.

BERGAMINI, Augusto. *Cristo, festa da Igreja*: o Ano Litúrgico. São Paulo: Paulinas, 1994.

BORTOLINI, José. *Quaresma, Páscoa e Pentecostes*. São Paulo: Paulus, 2008.

CORDEIRO, João de Leão (trad. e org.). *Antologia litúrgica*: textos do primeiro milénio. Fátima: Gráfica de Coimbra, Ltda. 2003 (Secretariado Nacional de Liturgia).

MARTÍN, Julián López. *A liturgia da Igreja*. São Paulo: Paulinas, 2006 (Coleção liturgia fundamental).

OLIVEIRA, Antônio Carlos et al. *Vivendo a Semana Santa*: o Mistério Pascal celebrado no Brasil. Aparecida: Santuário, 1996.

SEMANA SANTA: anos A, B, C. 2. ed. São Paulo: Paulinas, 1989.

Pe. Antônio Élcio de Souza (Pe. Pitico)

SOUZA, A.E. Tempo da Quaresma e da Páscoa. In: *Cadernos de Liturgia da Arquidiocese de Ribeirão Preto*. Ano I – Número 04 – Novembro/2008.

Anexo

1.6

Tempo Comum

No início da era cristã não havia o que hoje chamamos de Ano Litúrgico organizado como o conhecemos. Havia apenas a celebração do Mistério de Cristo no Domingo, Dia do Senhor. O Ano Litúrgico começou a ser organizado posteriormente, como já vimos em outros artigos deste.

O TC (Tempo Comum), também chamado de *tempus per annum* ou tempo ordinário[34] é constituído por 33 ou 34 semanas, sendo cinco a nove a partir da segunda-feira que segue ao domingo após o dia 6 de janeiro, e o restante a partir da segunda-feira depois do Domingo de Pentecostes, quando termina o tempo pascal.

O TC é chamado desta ou daquelas formas porque não é constituído por um determinado e específico elemento do mistério de Cristo, mas de sua totalidade a cada domingo. Aliás, o domingo é o dia por excelência durante este tempo. Nele os temas de cada domingo são independentes, apesar de seguir uma determinada leitura da Sagrada Escritura: contínua ou semicontínua, mas nada que obrigue esta estrutura, pois o que se quer é manifestar o mistério de Cristo durante sua caminhada e suas obras na terra, seu dia a dia, seus ensinamentos nas mais diversas realidades e culturas das pessoas, os sinais que demonstravam a presença do Reino no mundo. Isso tudo também presente na vida da Igreja pelo anúncio do Evangelho.

A estrutura do TC é muito simples e divide-se basicamente em três partes, a saber: nos domingos os anos A, B e C; nos dias de semana, também chamados de dias feriais, em anos pares e ímpares; e, por fim; as solenidades, festas e comemorações com seu diferencial e suas especificações.

<u>Os domingos do Ano A, B e C</u> – são assim denominados por seguirem um ritmo de celebrações que perpassam conteúdos do mistério de Cristo importantes no decorrer do *Lecionário* (livro litúrgico em que se faz as leituras bíblicas das celebrações litúrgicas).

No Ano A se faz a leitura do Evangelho de Mateus, no Ano B o de Marcos, que depois do 16º domingo comum se faz cinco leituras do capítulo 6 do Evangelho de João (o "discurso sobre o pão da vida") que coincide com a narração da multiplicação dos pães de Marcos e, por fim, o Ano C, o de Lucas.

O ritmo que determina sua ordem é a natural do nosso alfabeto, retornando ao ciclo A depois do ciclo C. As outras leituras são feitas de acordo com o Evangelho, que é o centro determinador da escala das leituras nas celebrações litúrgicas.

As leituras do Antigo Testamento devem se harmonizar perfeitamente com o Evangelho para evidenciar a unidade entre os dois testamentos. Os textos são distribuídos sem uma ordem lógica, mas sempre salvaguardando sua relação com o Evangelho; *todavia, o tesouro da Palavra de Deus ficará de tal forma aberto que todos os que participam da missa dominical conhecerão quase todas as passagens mais importantes do Antigo Testamento*[35].

As leituras do Novo Testamento, nas missas, são semicontínuas, retiradas das cartas de São Paulo e de São Tiago (as outras são lidas em outros tempos litúrgicos). Os conteúdos destas leituras são relacionados ao Evangelho, mas com um "tom" de aplicabilidade da mesma na vida da comunidade

---

34 AUGÈ, Matias. *O Ano Litúrgico*: história e celebração. São Paulo: 1991 (anamnesis), p. 217.

35 Introdução ao Lecionário da Missa, n. 106.

do apóstolo, ou seja, o que resultou da vivência da Palavra na vida das pessoas da comunidade. Por este motivo se torna um importante subsídio para a meditação da Palavra e, principalmente, para a elaboração da homilia e outras atividades da celebração, como: escolha do prefácio, dos cantos, na montagem da motivação inicial e das mensagens gerais e outros.

O ciclo semanal – também chamado de ferial, por abranger os dias de semana (segunda-feira; terça-feira etc.). Este segue outra estrutura de distribuição das leituras da missa em anos pares e ímpares, facilmente percebidos pelo último número do ano corrente, por exemplo: 2008 é ano par.

Os evangelhos são distribuídos durante um ciclo inteiro de forma que da 1ª a 9ª semana se lê o Evangelho de São Marcos, da 10ª a 21ª semana o de São Mateus, e da 22ª a 34ª semana o de São Lucas. O Evangelho de São João fica limitado a algumas festas ou necessidades do decorrer do ano. Os evangelhos não mudam entre os anos pares e ímpares como as Primeiras Leituras (Leitura e Salmo), mas se repetem igualmente todos os anos.

As outras leituras são distribuídas alternadamente entre o primeiro e o segundo testamentos, de forma que nos dias feriais próprios do Tempo Comum entram quase todos os livros do Primeiro Testamento, exceto os livros muito breves como Abdias e Sofonias; um livro poético: o Cântico dos Cânticos; e dois narrativos: Ester e Judite. As celebrações eucarísticas nos dias feriais comportam apenas três leituras (1ª leitura, Salmo e Evangelho), por serem mais simples e não solenes e também por manifestarem a continuidade do tema visto no domingo anterior, como se fosse um grande Dia do Senhor, um prolongamento do Dia Escatológico, até que chegue o domingo seguinte.

As orações do dia, sobre as oferendas e após a Comunhão, são as mesmas do domingo anterior, exceto no Tempo do Advento, nas memórias, festas, solenidades, Quarta-feira de Cinzas e em alguns outros dias como a Semana Santa.

As solenidades, festas, memórias e comemorações – é bom saber o que significa cada uma delas separadamente.

As "Solenidades" é o grau mais alto de festa litúrgica, se antecipa ao dia anterior com a I Véspera ou com a preparação através de uma vigília, como por exemplo: o Tríduo Pascal, o Natal do Senhor, a Epifania, a Ascensão, o Pentecostes e outras.

As "Festas" são importantes e obrigatórias na Igreja, mas em um grau menor que a solenidade, não tem preparação através da vigília, portanto, é celebrada somente no dia próprio.

As "Memórias" indicam a celebração comemorativa (obrigatória ou facultativa) de um santo, e é celebrada somente no dia próprio, sem vigília e solenidade.

As "Comemorações" são motivações comemorativas ou rogativas que não estão relacionadas diretamente ao Cristo (mas pedidos feitos para o Cristo) nem aos santos, mas são rogações da Igreja por necessidades ou comemorações humanas, como a comemoração dos fiéis defuntos (finados), missa de bênção dos agricultores ou da plantação etc.

As "Solenidades" quando caem no domingo são substitutas do mesmo, e quando é grande sua importância ou relevância ela chega a ser transferida para o domingo, como a solenidade da Epifania do dia 6 de janeiro para o domingo seguinte. Têm leituras bíblicas próprias e insubstituíveis que não seguem o ritmo do ciclo do Ano Litúrgico, com exceção das solenidades que integram o ciclo.

As "Festas" quando caem no domingo são celebradas em sua totalidade, mas não podem ser transferidas do dia ferial para o domingo, com algumas exceções, por motivos pastorais e de relevância teológica definidos pela Conferência Episcopal Territorial (Nacional) ou pelo Ordinário local (o bispo em seu território diocesano).

As "Memórias" trazem sempre a informação se são obrigatórias ou facultativas; se são obrigatórias seguem a mesma orientação para as festas, mas se são facultativas devem ficar a critério do Ordinário local (seja o bispo ou o sacerdote) celebrar ou não a mesma.

As "Comemorações" seguem basicamente a mesma orientação que as "Memórias", mas deve ser observado o calendário civil, cultural e pastoral da nação, Estado, cidade ou comunidade em que se vive. Um exemplo é o caso da comemoração de finados, que se sobrepõe, inclusive, ao domingo quando nele cai, mas quando cair em dia ferial não pode ser transferido para o domingo.

O TC termina com o 34° Domingo Comum onde o mesmo dá lugar à Solenidade de Cristo Rei do Universo, exatamente cinco domingos antes do dia 24 de dezembro, pois às vésperas do sábado seguinte já tem início o novo Ano Litúrgico, com as Vésperas do Primeiro Domingo do Advento.

Pe. José Humberto Motta (Pe. Beto)

MOTTA, J.H. Tempo Comum. In: *Cadernos de Liturgia da Arquidiocese de Ribeirão Preto*. Ano I – Número 04 – Novembro/2008.

Anexo 2

Sugestão de molde para confecção dos dedoches

Amanda

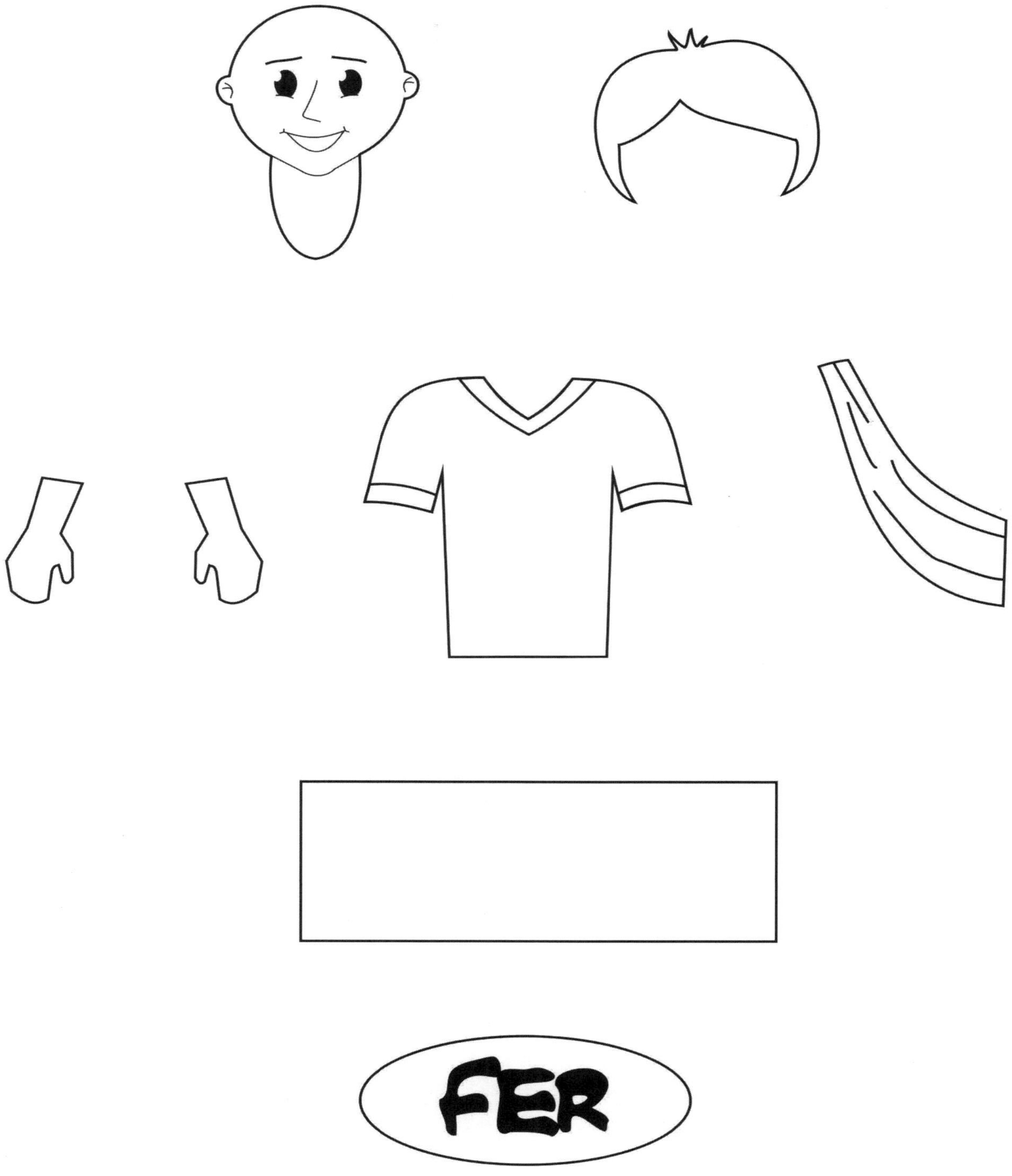
FER

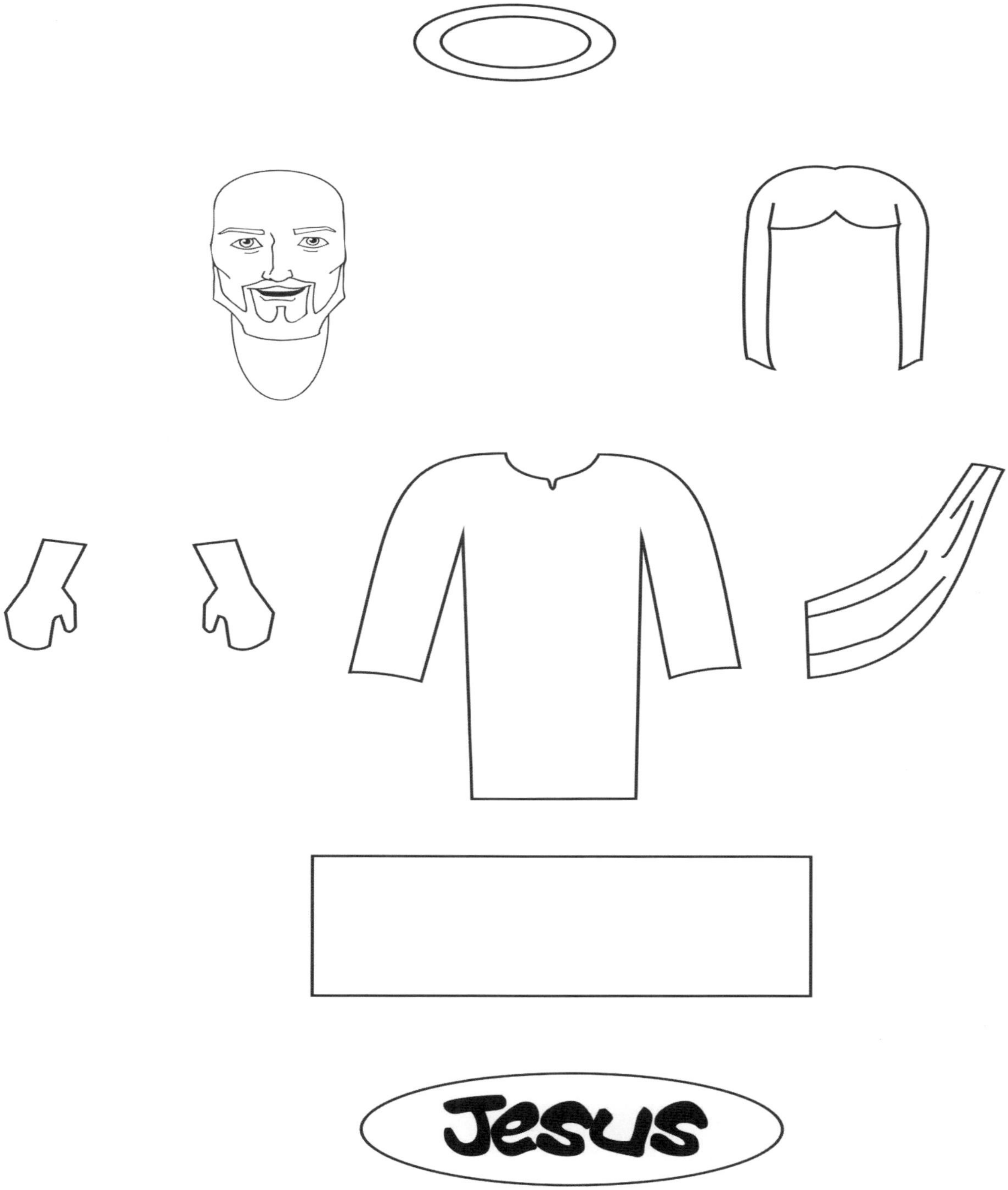
Jesus

Flor de papel

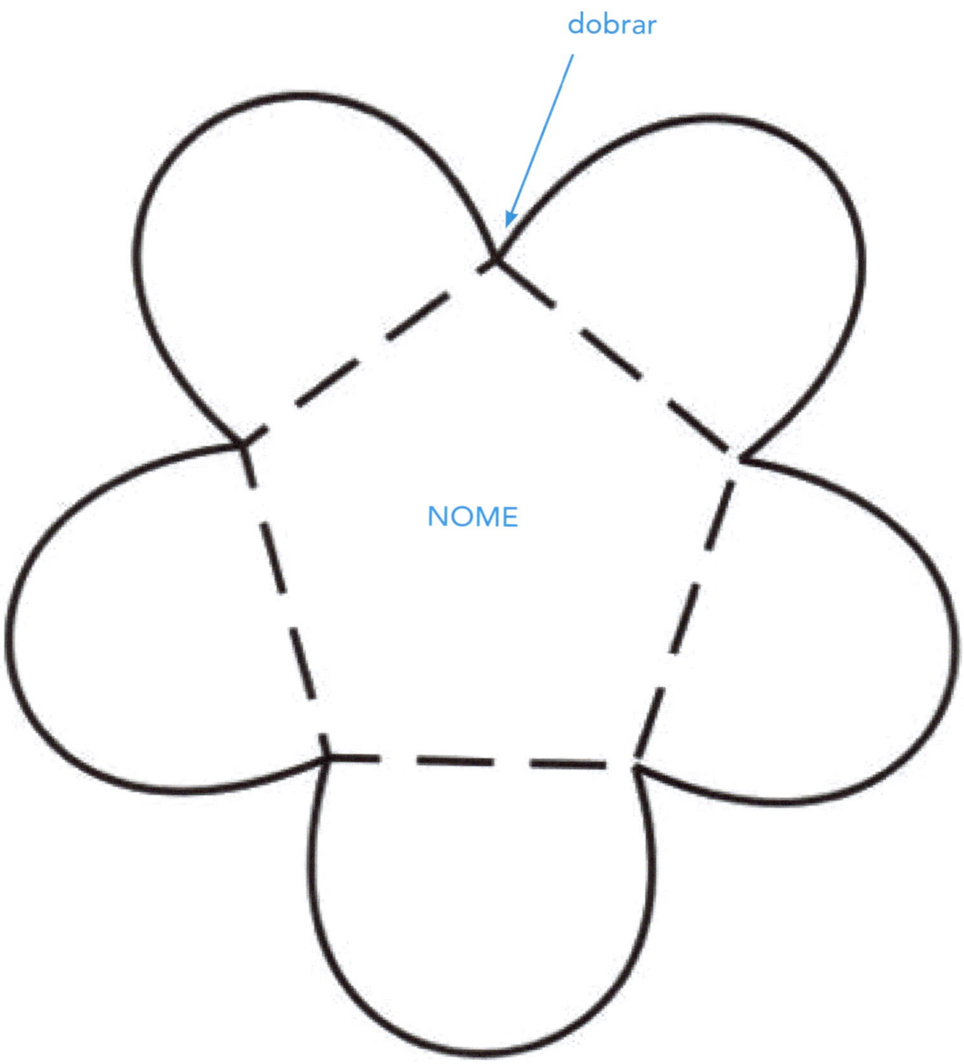

Anexo 4

Gincana Catequética

Palavra inicial: A gincana catequética destinada à fase inicial da catequese é mais que uma prova competitiva, ela deve ser uma aventura, onde o catequizando terá a oportunidade de desenvolver em equipe e de forma lúdica, suas primeiras descobertas sobre a Palavra de Deus e vida em comunidade. Ela poderá ser realizada na própria sala de catequese ou em um ambiente maior, onde os pais e padrinhos de Batismo e toda a comunidade poderão também ser convidados a participar. Neste caso, procure criar provas e tarefas onde os pais e catequizandos possam participar juntos. A gincana catequética ainda poderá ser uma forma de entrosamento entre as turmas de catequese da mesma etapa.

Apresentamos um roteiro, que deverá ser incrementado e organizado de acordo com a realidade dos participantes.

Um momento de confraternização também poderá ser realizado, onde cada um será convidado a trazer bolo, salgadinho, suco e refrigerante, e no final todos poderão partilhar.

PROCEDIMENTO

1. O catequista poderá dividir a turma em dois grupos.
2. Providenciará antecipadamente fitas de cores diferentes, para caracterizar cada equipe.
3. Explicará o procedimento e as regras, que serão válidas para todos, bem como a forma de pontuação.

REGRAS GERAIS

- As equipes deverão ser rápidas e organizadas, na escolha de seus membros, quando forem solicitados para alguma prova.
- Estarem atentas e obedecer ao som do apito, solicitando silêncio.
- A não obediência aos critérios acima implicará na perda de pontos.

PROVAS

Sugerimos apenas seis provas, outras poderão ser criadas a partir da realidade de cada grupo de catequizando, bem como com a intenção de envolver suas famílias. O importante é que seja um dia agradável de convivência e entrosamento entre catequistas, catequizandos, família e comunidade.

PROVA Nº 1 – Animação e participação

Desenvolvimento: Cada equipe deverá apresentar os seguintes critérios:

- Torcida mais animada.
- Ter trazido o maior número de pais ou cuidadores, para participar da torcida.

Pontuação: 05 (cinco) pontos.

PROVA Nº 2 – Montar quebra-cabeça bíblico

Desenvolvimento: Os participantes de cada equipe receberão um envelope com uma frase bíblica recortada, que deverão reconstruir na sequência correta, como por exemplo: "O SENHOR É MEU

PASTOR, NADA ME FALTARÁ" (Sl 22,1). Será vencedora a equipe que desenvolver a tarefa em menor tempo.

Pontuação: 02 (dois) pontos.

PROVA N° 3 – Passa ou repassa

Desenvolvimento: O catequista interrogará a respeito de uma determinada pergunta para uma das equipes (conforme indicado abaixo), ela poderá responder ou passar para a outra equipe se não souber esta, por sua vez, repassará, caso também não saiba; e assim sucessivamente. Será vitoriosa a equipe que acertar mais questões.

1. O que significa a palavra Bíblia?
2. Quantos livros tem a Bíblia?
3. Quem escreveu a Bíblia?
4. Qual é o nome do primeiro e o último livro da Bíblia?
5. Quantos livros tem o Antigo Testamento?
6. Quantos livros tem o Novo Testamento?
7. Quantos são os evangelhos?
8. Quais são eles?

Pontuação: 05 (cinco pontos)

PROVA N° 4 – Encontrar a resposta no balão de festa

Desenvolvimento: O catequista convidará um membro de cada equipe, para estourar os balões que estarão pendurados. Dentro, estará a resposta para a seguinte pergunta: *O que quer dizer a palavra Testamento?* Marcará ponto para sua equipe, aquele que primeiro encontrar a resposta.

Pontuação: 02 (dois) pontos.

PROVA N° 5 – Recontar o texto

Desenvolvimento: O catequista lerá em voz alta um texto ou uma das parábolas de Jesus e, em seguida, pedirá que esta seja recontada pelo indivíduo escolhido por cada equipe. Marcará ponto, aquela narração que mais se aproximar do texto ou parábola original. Recomenda-se que não sejam utilizados textos ou parábolas muito longos e que seja dado preferência àqueles de fácil compreensão, conforme os critérios dessa faixa etária.

Pontuação: 02 (dois) pontos.

PROVA N° 6 – Memória musical

Desenvolvimento: Cada equipe deverá se reunir e recordar estrofes/refrões de músicas, cuja letra contenha a palavra "Bíblia" ou "Palavra de Deus". Deverá cantá-las para todos ouvirem. Vencerá a equipe que conseguir lembrar o maior número de estrofes de músicas.

Pontuação: 03 (três) pontos.